Rheuma Ernährung und Kochbuch

500 Tage Die besten Rezepte für eine entzündungshemmende Ernährung. Leckere Gerichte gegen Schmerzen durch Rheuma, Arthrose und Gicht für mehr Lebensfreude

Kevin Fuer

Table of Contents

Inhaltsverzeichnis

Vorwort

Rheuma ist nicht eine Erkrankung, sondern zwischen 100 und 400 unterschiedliche Erkrankungen, die unter dem Sammelbegriff „Rheuma“ zusammengefasst werden. Zu den rheumatischen Erkrankungen zählen unter anderem rheumatische Arthritis, Arthrose, Fibromyalgie, Gicht, Lupus sowie Rippenfellentzündungen, rheumatische

Entzündungen des Herzmuskels, Darms, der Nerven und Gefäße sowie der Augen und Nieren. Wie Sie sehen, umfasst Rheuma viele verschiedene Erkrankungen, die wir hier nicht alle aufzählen können.

Der Begriff Rheuma kommt aus dem griechischen Wortschatz und bedeutet, einfach übersetzt, „reißender Schmerz". Diese Übersetzung trifft buchstäblich den Nagel auf den Kopf, denn rheumatische Erkrankungen sind in der Regel sehr schmerzhaft. Rheuma befällt nicht ausschließlich die Gelenke, Knochen oder Knorpel, sondern auch Muskeln, Sehnen und Bänder.

Bevor wir Ihnen Tipps geben und unsere Rezeptideen vorstellen, informieren wir Sie über Rheuma, die möglichen Ursachen, Symptome, Risikofaktoren und die Therapie. Diese Informationen halten wir für sehr wichtig, denn Rheuma betrifft alle Altersgruppen.

Auf alle rheumatischen Erkrankungen können wir in unserem kleinen Ratgeber nicht eingehen; das übersteigt unsere Möglichkeiten. Unsere Konzentration legten wir deshalb auf die rheumatischen Erkrankungen, die am häufigsten vorkommen.

1. Rheuma

Rheuma ist der Oberbegriff für mehr als 100 Erkrankungen, die zwei Dinge gemeinsam haben: Reißende Schmerzen und die Erkrankungen sind chronischer Natur. Meist tritt Rheuma am Bewegungsapparat, den Händen oder der Wirbelsäule auf. Doch dies ist nicht alles: Rheuma kann grundsätzlich die meisten Organe, Muskeln, Knochen und Gelenke betreffen.

Rheuma wird unterteilt in:

1. Rheumatische Erkrankungen in Verbindung mit Entzündungen wie beispielsweise Morbus Bechterew, rheumatische Arthritis,
2. degenerative Erkrankungen von Wirbelsäule, Gelenke wie Arthrose,
3. Rheumatismus in den Weichteilen wie Lupus,
4. rheumatische Erkrankungen in Verbindung mit Erkrankung des Stoffwechsels, wie Gicht.

1.1 Ursachen

Oft gibt es nicht nur eine Ursache für das Auslösen von Rheuma, sondern mehrere. Auch kann diese Erkrankung durch die Kindheit beeinflusst werden.

Menschen, die als Kinder länger als ein Jahr gestillt wurden, bekommen nur selten Rheuma. Gehen wir einen großen Schritt weiter und bewegen uns in der Jugend. Auch diese Lebensjahre entscheiden oft darüber, wie anfällig wir für rheumatische Erkrankungen sind. Während der Jugendzeit wird der Hormonspiegel neu gestaltet. Kommt es bei Mädchen sehr früh zur Menstruation, kann dies ein erhöhtes Rheumarisiko bedeuten.

Übergewicht ist ebenfalls ein Faktor, der rheumatische Erkrankungen auslösen und fördern kann.

Weitere aber unerhebliche Faktoren sind die Erbanlagen. Die Umwelt, der Lebensstil und die Ernährung sind weit bedeutsamere Faktoren. Dies bedeutet, auch wenn die genetische Veranlagung vorhanden ist, muss Rheuma nicht zwangsläufig ausgelöst werden.

Wie wir alle wissen, ist unser Darm das Organ, das für unsere Gesundheit sorgt. Dies ist dem Darm nur möglich, wenn er und seine Darmflora gesund sind und sich aktiv ihrer Schutzfunktion widmen können. Dies ist insbesondere bei Arthritis wichtig, denn dabei handelt es sich um eine Autoimmunerkrankung, die unter den Sammelbegriff Rheuma fällt. Wir müssen uns das so vorstellen: Die Nahrung gelangt vom Magen in den Darm. Dort werden die Bestandteile der nicht vollständig verdauten Nahrung sowie Schadstoffe und toxische Endprodukte des Stoffwechsels gehindert, in den Organismus zu gelangen. Nährstoffe, Vitamine und Vitalstoffe hingegen dürfen passieren. Ist der Darm geschädigt, kann er diese Aufgaben nicht mehr erfüllen.

1.2 Risikofaktoren

Die Erbanlagen für sich alleine stellen kein erhöhtes Risiko für Rheuma dar. Kommt eine extrem fleischhaltige Ernährung hinzu, erhöht sich das Rheumarisiko drastisch. Das gilt auch für Milch; denn in Fleisch und Milch kann das MAP-Bakterium enthalten sein.

Weitere Risikofaktoren sind:

- Vitalstoffmangel
- Vitamin-D-Mangel
- Unverträglichkeit von bestimmten Nahrungsmitteln
- dauerhafter Stress
- ungesunde Ernährungsweise
- Probleme mit der Schilddrüse
- ständige Übersäuerung des Körpers

- Störungen beim Hormonhaushalt
- Rauchen
- Alkohol
- Schwermetalle orH

Nehmen Sie bitte KEINE rheumatische Erkrankung auf die leichte Schulter. Bei Rheuma sind nicht nur Ihre Gelenke, Muskeln und andere Organe in Mitleidenschaft gezogen, sondern auch das Herz. Patienten, die unter rheumatoider Arthritis leiden, können auch ohne Warnsignale einen Herzinfarkt bekommen. Die Kardiologin Dr. Puenta aus Mexiko geht dabei von rund 25 Prozent der Betroffenen aus. Eine Untersuchung ergab, dass die Erkrankung der Gelenke für sich allein die Ursache dafür ist, dass sich für einen Herzinfarkt die Wahrscheinlichkeit deutlich erhöht. Das gilt ebenfalls für Erkrankungen des Herz-Kreislauf-Systems.

1.3 Symptome

Wie bereits erwähnt, ist Rheuma der Oberbegriff für mehr als 100 Erkrankungen, bei denen die körpereigenen Gewebe vom eigenen Immunsystem angegriffen werden. Dieser Angriff verursacht Entzündungen. Die rheumatoide Arthritis ist die chronische Entzündung der Gelenke, unter der mehr als 800.000 Menschen allein in Deutschland leiden. Dabei sind es nicht nur ältere Menschen, sondern auch junge Menschen und Kinder.

Alle rheumatischen Erkrankungen sind in der Regel chronisch und verlaufen in Schüben. Dies bedeutet, der Patient ist lange Zeit beschwerdefrei und plötzlich, ganz ohne Vorwarnung kommen diese reißenden Schmerzen.

Weil die Erkrankungen so vielfältig und unterschiedlich sind, ist es nicht möglich, alle Symptome detailliert aufzulisten. Die reißenden Schmerzen in Verbindung mit der eingeschränkten Bewegung des betroffenen Gelenks oder Muskels kommen bei allen rheumatischen Erkrankungen vor.

2. Behandlung

Ganzheitliche Therapie kurz zusammengefasst:

1. Umstellung der aktuellen Ernährung auf gesunde Ernährung. Dabei sollte man darauf achten, dass die Ernährungsweise basenüberschüssig ist.
2. Evtl. Unverträglichkeiten von Nahrungsmitteln mit dem behandelnden Arzt abklären.

3. Auf Genussgifte wie Alkohol, Nikotin und Drogen sowie auf nicht notwendige Medikamente verzichten. Darunter werden beispielsweise Schmerztabletten verstanden.
4. Den Körper entsäuern.
5. Den Darm sanieren.
6. Beim Arzt einen Vitaminspiegel erstellen lassen, um Mängel zu erkennen und zu beheben.
7. Sonne tanken und das bitte regelmäßig. Die Sonne hebt den Vitamin-D-Spiegel an.
8. Auf dem Speiseplan sollten Gemüse und Obst stehen, in dem hohe Dosen Antioxidantien vorhanden sind, beispielsweise grüner Tee.
9. Eine sorgfältige und regelmäßige Zahnhygiene.
10. Abbau von Stress und Ärger.
11. Hilfreich sind Nahrungsergänzungen, die beispielsweise den Vitaminmangel beheben.

Wer eine chronische rheumatische Erkrankung hat, der ist anfällig für Infektionen. Deshalb ist es wichtig, für den Impfschutz zu sorgen. Dies bedeutet, dass Sie neben den üblichen Regelimpfungen für einen erweiterten Impfschutz sorgen sollten.

Zu den Regelimpfungen gehören Impfungen gegen Diphterie, Keuchhusten, Masern, Mumps, Tetanus, Kinderlähmung und Röteln.

Zusätzlich empfehlen Mediziner die Impfung gegen Grippe, Pneumokokken und Meningokokken. Sind bei der Blutuntersuchung keine Antikörper gegen Windpocken nachzuweisen, sollte auch gegen diese Erkrankung eine Impfung erfolgen.

Für Patienten, die eine Lebererkrankung haben sowie für medizinisches Pflegepersonal kommt auch eine Impfung gegen Hepatitis B in Betracht.

Alle Impfungen sollten vor der immunsuppressiven Therapie vorgenommen werden; während der Therapie ist die eine oder andere Impfung nicht mehr machbar.

2.1 Prognose

Menschen, die unter einer rheumatischen Erkrankung leiden, können durchaus ein ganz normales Leben führen.

Damit dies möglich ist, müssen Sie Übergewicht abbauen, sich viel bewegen und Ihre Ernährung auf eine gesunde, ausgewogene Ernährung umstellen. Bewegung ist bei rheumatischen Erkrankungen, gleichgültig, ob es sich um Arthritis, Arthrose oder einer anderen Art von Rheuma handelt, unabdingbar. Gehen Sie täglich mit zügigen Schritten spazieren, werden Sie Mitglied in einem Sportverein, einem

Fitnessstudio oder einer Gymnastikgruppe. Was auch immer Sie für eine rheumatische Erkrankung haben, ist dabei völlig egal; bewegen Sie sich, auch wenn es schmerzt. Idealerweise schaffen Sie sich einen Schrittzähler an, der Sie daran erinnert, dass Sie jeden Tag mindestens 4.000 Schritte gehen sollen.

3. Ernährung

Immer wieder hört man von der Rheumadiät. Das ist ja schön und gut, doch wer unter Rheuma leidet, der braucht keine Ernährung über einen kurzen Zeitraum, sondern eine dauerhafte Ernährung, die ihm Linderung der Schmerzen bringt. Mit einer Diät ist das nicht zu machen! Hier ist eine dauerhafte Umstellung der Ernährung angesagt.

Von Ihrem Rheumatologen erhalten Sie in der Regel nur wenig Vorschläge für die für Sie richtige Ernährung. Die wenigen Tipps lassen sich in wenigen Sätzen zusammenfassen:

Fettreiche Lebensmittel, wie fettes Fleisch, Fleischprodukte, Käse und Eigelb sollten nach Möglichkeit nicht auf den Tisch kommen. Fettarme Mahlzeiten sind wichtig ebenso wie Fisch, der zweimal wöchentlich verzehrt werden sollte. Bei Milchprodukten sollten fettarme Produkte bevorzugt werden. Bei Teigwaren ist auf Vollkornprodukte zu achten.

3.1 positive Lebensmittel

Unser Vorschlag für eine Ernährungsumstellung bei Rheuma, wobei wir Arthritis als Beispiel nehmen, sieht etwas anders aus. Wir setzen auf die Grundnahrungsmittel, die reich an Vitalstoffen und Antioxidantien sind. Dazu gehören

1. fast alle Gemüsesorten, insbesondere Knollengemüse, Frucht- und Blattgemüse.
2. Es geht nichts über Kräuter und Salate, die man mit Kräutern pikant würzen kann.
3. Smoothies, insbesondere die grünen Smoothies.
4. Obst und Früchte, insbesondere Avocados.
5. Kerne, Samen, Mandeln und Nüsse. Hervorheben wollen wir hier die Leinsaat, die reich an Omega-3-Fettsäuren ist.
6. Alle Arten von Hülsenfrüchten, wie Erbsen, Kichererbsen, Linsen.

7. Keimlinge aus Radieschen, Brokkoli und anderen Gemüsearten, idealerweise selbst gezogen.
8. Süßigkeiten aus der eigenen Küche.
9. Gesunde Öle und Fette, wie Oliven-, Lein-, Kokos- und Hanföl.
10. Viel Trinken, idealerweise bis zu zwei Liter täglich. Doch nicht irgendetwas trinken, sondern Quellwasser ohne Kohlensäure, basische Tees und grünen Tee.
11. Brot aus Urgetreide, idealerweise selbst gebacken.
12. Buchweizen, Hirse, Quinoa.
13. Seefisch, hauptsächlich als Wildfang.

3.2. Lebensmittel, auf die man verzichten sollte

Bei den Lebensmitteln, die man meiden sollte, geht es meist um Nahrungsmittel, die man sehr gerne isst. Wer unter einer rheumatischen Erkrankung leidet, muss sich entscheiden, ob er Linderung haben möchte oder seine bisherige Lebensweise beibehalten will.

Lebensmittel, die zu vermeiden sind:

1. Extrem süßes Obst und Früchte, wie kernlose Traumen und sehr reife Bananen.
2. Fleisch, Fleischprodukte wie Wurst. Nach etwa sechs Monaten dürfen Fleisch, Wurst und Co wieder auf den Tisch kommen, allerdings nicht täglich, sondern höchstens dreimal in der Woche.
3. Sämtliche Milchprodukte sollten für die Dauer von sechs Monaten vermieden werden. Danach können Sie nicht homogenisierte Milchprodukte zu sich nehmen, idealerweise fermentierte Produkte, wie Kefir.
4. Meiden Sie für IMMER Back- und Teigwaren aus Weißmehlen. Nutzen Sie für Ihre Backkunst entweder Rezepte aus dem Bereich Low Carb; einige Backrezepte finden Sie unter Kapitel 6.
5. Verwenden Sie ausschließlich gesunde Öle wie Kokos-, Lein, Olivenöl, Hanf- oder Distelöl. Auch Sonnenblumen-, Soja- und Maisöl kommen infrage.
6. Kochen Sie selbst und vermeiden Sie Fertiggerichte sowie Gemüse und Obst aus Dosen.
7. Herkömmlicher Zucker und Süßstoffe, die synthetisch hergestellt werden.

8. Lassen Sie die Hände von Süßigkeiten weg; diese sind ungesund, fördern Entzündungen, sind ursächlich für Fettpölsterchen und Karies.
9. Kaffee und Schwarztee sollten Sie meiden oder nur ganz wenig trinken.
10. Softdrinks und alle Säfte aus dem Supermarkt sowie Alkohol sind zu meiden.

3.3 Ernährungsplan

Jetzt haben Sie so viel über Lebensmittel gehört, die man essen und die man nicht essen darf. Da raucht der Kopf! Wir helfen Ihnen ein wenig und haben für Sie einen Ernährungsplan, gemünzt auf Arthritis, zusammengestellt.

1. Frühstück

Noch bevor Sie sich unter die Dusche begeben, trinken Sie erst ein Glas Wasser oder Tee.

Das eigentliche Frühstück basiert auf frischem Obst, Müsli, Porridge oder Smoothie – ganz nach Geschmack, Lust und Laune.

2. Mittagessen

Salat nach Herzenslust. Verwenden Sie für Ihre Salate reichlich Blattsalate wie Endivien, Ackersalat und Radicchio sowie Kohlgemüse. Meiden Sie nach Möglichkeit Salz, sondern würzen Sie Ihre Salate mit Kräutern. Für das Salatdressing ist die Basis gesundes Öl wie Oliven- oder Leinöl und Meersalz sowie Zitronensaft oder Bio-Apfelessig.

Gemüse als Pfannengemüse, Eintopf, Suppe oder als Beilage sollte jeden Tag auf den Tisch kommen.

3. Für den kleinen Hunger

Einige Mandeln, ein Smoothie sind ideale Zwischenmahlzeiten. Wir haben einige Rezepte in Kapitel 6 für Sie auch für den kleinen Hunger zusammengestellt.

4. Abendessen

Am Abend sollte es eine leichte Mahlzeit, die nicht zu spät eingenommen werden sollte, geben. Gemüsesuppen, gedünstetes Gemüse eignen sich für ein Abendessen hervorragend.

4. Nahrungsergänzungen

Nahrungsergänzungen werden oft belächelt, doch wenn die Nahrung nicht die Elemente beinhaltet, die der Körper braucht, sind Nahrungsergänzungen eine Bereicherung. Wir stellen Ihnen hier einige Nahrungsergänzungen vor, welche die Therapie bei rheumatischen Erkrankungen unterstützen.

1. Teufelskralle
Diese Heilpflanze wirkt schmerzlindernd. Doch wie alle natürlichen Heilmittel braucht auch die Teufelskralle Zeit, um ihre Wirkung zu entfalten. Bei Arthrose sollte man 2.000 mg täglich für mindestens fünf Monate zu sich nehmen, danach ist man weitgehend schmerzfrei.

2. Vitamine
Lassen Sie bei Ihrem Arzt einen Vitaminspiegel erstellen; dafür entnimmt er Ihnen Blut und schickt dieses in ein Labor. Daraus erkennen Sie, welche Vitamine in den richtigen und welche Vitamine in zu geringen Dosen im Körper vorhanden sind. Entsprechend dem Vitaminspiegel besprechen Sie mit dem Arzt die Nahrungsergänzungen, die Ihr Körper braucht. Meist ist Vitamin D das Vitamin, das Ihrem Körper teilweise fehlt. Das gilt auch für die Vitamine C, E und die B-Vitamine sowie für verschiedene Spurenelemente und Mineralstoffe.

3. Krillöl
Dieses Öl enthält die für Ihren Körper wichtigen Omega-3-Fettsäuren, die vom Körper besser aufgenommen und effektiver verwertet werden können als Fischöl.

5. Tipps

Mit einer rheumatischen Erkrankung kann man durchaus ein lebenswertes Leben führen, auch wenn die Beweglichkeit eingeschränkt ist oder wird. Wir geben Ihnen hier einige Tipps, die Ihnen helfen sollen, sich mit der Erkrankung zu arrangieren.

1. Ärzte verschreiben gerne starke Schmerzmittel, um die Schmerzen zu lindern. Alle Medikamente haben Nebenwirkungen, die zwar nicht jeden Menschen heimsuchen, aber doch oft gesundheitsschädlicher sind als die Erkrankung selbst. Versuchen Sie daher erst einmal mit pflanzlichen Mitteln, wie der Teufelskralle die Schmerzen zu bekämpfen.

2. Physiotherapie ist besonders bei Rheuma sehr zu empfehlen. Hier gibt es keine Nebenwirkungen, sondern Bewegung als Medizin.
3. Krankengymnastik mit oder ohne Geräte unterstützt die Beweglichkeit der Gelenke, auch der Gelenke, die von Arthritis oder Arthrose betroffen sind.
4. Muskelaufbau ist eine gute Sache, denn gut trainierte Muskeln entlasten die Gelenke und verhindern so die Schmerzen.
5. Bewegen und noch hundertmal bewegen – das ist die beste Medizin, die für jeden Menschen kostenlos ist. Lassen Sie den Aufzug stehen, nutzen Sie stattdessen die Treppe; nehmen Sie zum Einkaufen das Rad, laufen Sie zum Supermarkt und nutzen die öffentlichen Verkehrsmittel. Bei Letzteren ist die Haltestelle in den seltensten Fällen direkt vor dem Supermarkt; also müssen Sie einige Schritte laufen. Experten raten mindestens 3.000 Schritte täglich zu laufen, besser sind 4.000 - 5.000 Schritte.
6. Verändern Sie Ihre Essgewohnheiten und stellen Ihre Ernährung auf gesunde, abwechslungsreiche Kost mit viel Gemüse, Obst und Fisch um.
7. Rauchen ist bei Rheuma zusätzliches Gift, denn Nikotin schädigt die Gelenke nochmals.
8. Meiden Sie bei der Zubereitung Ihrer Speisen Salz und nutzen stattdessen Kräuter.

6. Rezepte

Damit Ihnen die Umstellung der Ernährung leichter fällt, haben wir für Sie eine Reihe Rezeptideen zusammengestellt. Alle Rezepte sind leicht zum Nachkochen und Nachbacken. Wir wünschen Ihnen viel Spaß dabei und guten Appetit.

6.1 Suppen

Suppen sind als leichte Mahlzeit ideal. Viele Menschen essen vor dem Hauptgericht eine Suppe oder als Alternative zu einer kalorienreichen Mahlzeit. Abends sollte es leichte Gerichte geben, weil unser Verdauungssystem diese über Nacht aufarbeiten muss. Wir stellen Ihnen hier Suppen vor, die sich sowohl als Abendmahlzeit als auch als ersten Gang vor dem Hauptgericht eignen.

Joghurtsuppe mit Reis

Portionen: 2

Zutaten

1 großer Becher Joghurt (Gesamtgewicht: 500 g)

500 ml Wasser

100 g Langkornreis

75 g Spinat

3 Knoblauchzehen

½ Bund Lauchzwiebeln

½ Bund Sellerie

1 Ei

1 Bund Koriander

1 Bund Dill

1 EL Mehl

1 TL Salz

Zubereitung

1. Spinat waschen, grob hacken.
2. Kräuter abbrausen, Blättchen abzupfen, hacken.
3. Joghurt in einen großen Topf geben, Wasser zufügen, verrühren.
4. Kräuter, Ei, Mehl, Reis zufügen, verrühren.
5. Den Topf auf den Herd stellen, zum Kochen bringen, aufkochen lassen.
6. Hitze reduzieren, die Suppe 10 Minuten unter Rühren köcheln lassen.

Möhrensuppe nach Ayurveda

Portionen: 2

Zutaten

250 g Möhren

1 kleine rote Chilischote

1 sehr kleines Stück Ingwer (ergibt gehackt ½ TL)

10 g Kürbiskerne

75 ml Sahne

75 ml Wasser

25 ml Milch

½ EL brauner Zucker

¼ EL gekörnte Gemüsebrühe

½ EL Walnussöl

1 Schuss Balsamico

½ TL Kresse

Zubereitung

1. Möhren putzen, evtl. schälen, stückeln.
2. Ingwer putzen, schälen, hacken.
3. Chilischote waschen, halbieren, entkernen, fein würfeln.
4. Kresse abbrausen.
5. Eine beschichtete Pfanne erhitzen, Kürbiskerne zufügen, rösten.
6. Eine weitere Pfanne mit Sesamöl erhitzen, Zucker zufügen, karamellisieren.
7. Möhren zum Zucker geben, kurz anbraten, dann mit Wasser ablöschen, das Ganze bissfest garen.
8. Den Inhalt der Pfanne in einen Mixer geben, pürieren.
9. Das Püree in den Topf geben, Ingwer, Chili, Gemüsebrühe zufügen, aufkochen lassen.
10. Sahne zufügen, unterrühren, evtl. würzen, verfeinern mit Balsamico.
11. Milch aufschäumen.
12. Die Suppe auf 4 Teller verteilen, die aufgeschäumte Milch auf die Suppe geben, mit Kürbiskernen und Kresse garnieren.

Indische Zwiebelsuppe

Portionen: 2

Zutaten

600 g Gemüsezwiebeln

2 Frühlingszwiebeln

1 grüne Chilischote

600 ml Gemüsebrühe

30 g Butterschmalz

2 Gewürznelken

½ Bund glatte Petersilie

1 EL Curry

1 TL Zitronensaft

1 TL Honig

½ kleines Fladenbrot mit Sesam

Zubereitung

1. Gemüsezwiebeln abziehen, in halbe Ringe schneiden.
2. Chilischoten waschen, entkernen, würfeln.
3. Frühlingszwiebeln abziehen, in schräge Scheiben schneiden.
4. Petersilie abbrausen, Blättchen abzupfen.
5. In einem Topf die Hälfte vom Butterschmalz geben, zerlassen.
6. Honig zufügen, karamellisieren.
7. Gemüsezwiebeln und Chili zufügen, andünsten; Curry und Gewürznelken zugeben, andünsten.
8. Ablöschen mit der Gemüsebrühe, das Ganze aufkochen lassen. Hitze reduzieren. Topf mit Deckel verschließen, die Suppe 20 Minuten garen lassen.
9. Frühlingszwiebeln zufügen, nochmals 5 Minuten köcheln lassen.
10. Würzen mit Zitronensaft; Petersilie zufügen, verrühren.
11. Fladenbrot würfeln.
12. Restliches Butterschmalz in eine Pfanne geben, erhitzen. Fladenbrotwürfel zufügen, rösten.
13. Die Fladenbrotwürfel dann in die Suppe geben, untermischen.

Lauchsuppe mit Champignons

Portionen: 4

Nährwerte je Portion:

Kcal: 113, Eiweiß: 8 g, Fett: 5 g, Kohlenhydrate: 8 g

Zutaten

2 Stangen Lauch

300 g Champignons

800 ml Geflügelbrühe

200 ml Kondensmilch (Fettgehalt: 4 %)

Petersilie

1 EL Rapsöl

Salz

Pfeffer

Zubereitung

1. Lauch putzen, der Länge nach halbieren. Beide Hälften abspülen, dann in Streifen schneiden.
2. Öl in einen Topf geben, Lauch zufügen, andünsten.
3. Ablöschen mit Gemüsebrühe.
4. Champignons putzen, Stielenden abschneiden. Die Pilze abspülen, in Scheiben schneiden; einige Scheiben beiseitestellen.
5. Die restlichen Pilze zum Lauch geben, das Ganze 10 Minuten bei niedriger Hitze köcheln lassen.
6. Kondensmilch zugießen und mit dem Pürierstab zu feinem Püree verarbeiten.
7. Petersilie abbrausen, trocken schütteln, hacken, zur Suppe geben.
8. Mit Salz, Pfeffer würzen.
9. Die Suppe mit den beiseite gestellten Pilzen garnieren.

6.2 Hauptgerichte

Wir wissen, jede Umstellung der aktuellen Ernährung hat ihre Anfangsschwierigkeiten. Doch je öfter Sie Menüs aus unserem Rheumakochbuch nachkochen, desto einfacher wird es für Sie. Mit einer Ernährung, die Ihre rheumatischen Symptome und insbesondere die Schmerzen lindern kann, machen Sie den ersten großen Schritt in ein weitgehend unbeschwertes Leben. Versuchen Sie es – wir unterstützen Sie mit unseren Rezeptideen dabei!

Unsere Kategorie Hauptgerichte haben wir nach Backofengerichten, Pfannengerichten, Curry, Eintöpfen und Gerichten, die auf dem Herd zubereitet werden, unterteilt.

Backofengemüse mediterran

Portionen: 4

Nährwerte je Portion:

Kcal: 300, BE 1,5, Kohlenhydrate: 2

Zutaten

140 g Vollkornbaguette

2 mittelgroße Zucchini

2 Knoblauchzehen

2 rote Paprika

2 gelbe Paprika

2 Zwiebeln

2 Möhren

40 g schwarze entsteinte Oliven

2 Stiele Basilikum

2 Stengel Salbei

4 Zweige Rosmarin

10 TL Olivenöl

2 TL Honig

2 EL Rotweinessig

2 TL Zitronensaft

Salz

Pfeffer

Paprika edelsüß

Zubereitung

1. Backofen auf 180 °C vorheizen, Backblech mit Backpapier auslegen.
2. Zwiebeln abziehen, in Spalten schneiden. Knoblauch abziehen, halbieren.
3. Paprika waschen, entkernen, weiße Fruchthäute entfernen, grob stückeln.
4. Zucchini waschen, Enden abschneiden, dann in Scheiben schneiden; Möhren waschen, grob würfeln.
5. Rosmarin, Salbei und Basilikum abbrausen. Die Blättchen vom Salbei abzupfen, beiseitestellen. Von Rosmarin und Basilikum Blättchen abzupfen, hacken.
6. Baguette in Scheiben schneiden.

7. Zucchini, Möhren, Zwiebeln und 1 Knoblauchzehe in eine Schüssel geben, 3 TL Olivenöl über das Ganze geben, mit Salz, Pfeffer würzen, alles gründlich durchmischen.
8. Das Gemüse auf dem Backblech verteilen, Rosmarin und Salbei darüber streuen, im Ofen 20 Minuten garen.
9. Die Baguettescheiben auf einen Rost legen, diesen in den Backofen zum Gemüse schieben, 5 Minuten backen.
10. Restliches Olivenöl in eine Schüssel geben. Salz, Zitronensaft, Basilikum, Salz, Pfeffer zufügen, vermischen.
11. Das Gemüse in eine Schüssel geben, Oliven zugeben, alles gründlich mischen.
12. Essig in ein Schälchen geben, Honig zufügen, mischen. Die Mischung zum Gemüse geben, verrühren.
13. Die Baguettescheiben mit der restlichen Knoblauchzehe abreiben; die Ölmischung auf den Baguettescheiben verstreichen.

Backofengemüse mit Schafskäse

Portionen: 4

Zutaten

500 g Schafskäse

6 Tomaten

2 Zucchini

3 Zwiebeln

1 roter Paprika

1 gelber Paprika

2 Knoblauchzehen

3 EL Olivenöl

2 Stengel frischer Thymian

2 Stiele frischer Oregano

2 Stengel frisches Basilikum

Salz

Pfeffer

Cayennepfeffer

Zubereitung

1. Backofen auf Umluft 180 °C vorheizen, 1 Auflaufform leicht einfetten.
2. Paprika waschen, entkernen, weiße Fruchthäute entfernen, grob würfeln.
3. Zucchini waschen, Enden abschneiden, grob würfeln.
4. Tomaten waschen, achteln.
5. Zwiebeln abziehen, hobeln; Knoblauch abziehen, hacken.
6. Oregano, Thymian und Basilikum abbrausen, hacken.
7. Schafskäse in 8 Scheiben schneiden.
8. Das vorbereitete Gemüse in eine Schüssel geben, mischen.
9. Olivenöl zufügen, mischen.
10. Zwiebeln, Knoblauch und Kräuter zugeben, mischen. Mit Salz und Pfeffer würzen, mit Cayennepfeffer pikant abschmecken.
11. Den Käse in die Auflaufform legen, das Gemüse auf dem Käse verteilen.
12. Die Form in den Backofen stellen, 30 - 45 Minuten garen.

Zucchini aus dem Ofen

Portionen: 2

Nährwerte je Portion:

Kcal: 420, Eiweiß: 16 g, Fett: 24 g, Kohlenhydrate: 35 g, Ballaststoffe: 12 g

Zutaten

2 Tomaten

1 große Zucchini

1 Karotte

1 kleine gelbe Bete

1 Knoblauchzehe

½ Fenchelknolle

1 kleines Stück frischer Ingwer

100 ml Wasser

40 g Quinoa

1 Stiel Oregano

1 Stiel Salbei

1 Zweig Rosmarin

1 Stiel Thymian

2 EL Zitronensaft

1 EL Kokosöl

1 EL Mandelstifte

1 EL Walnüsse

1 EL Kürbiskerne

1 TL Kurkuma

1 TL Chiliflocken

Salz

Pfeffer

Zubereitung

1. Backofen auf Umluft 160 °C vorheizen, Auflaufform leicht einfetten.
2. Knoblauch abziehen, Ingwer schälen, beides in feine Würfel schneiden.
3. Quinoa in ein Sieb schütten, unter fließendem Wasser gründlich abspülen, abtropfen lassen.
4. Einen Topf mit 1 TL Kokosöl erhitzen. Knoblauch, Ingwer zugeben, anbraten. Kurkuma zufügen, kurz mit braten.
5. Quinoa in den Topf geben, kurz mit braten.
6. Mit Wasser ablöschen, das Ganze 20 Minuten bei geringer Hitze garen.
7. Wasser zum Kochen bringen, Tomaten damit überbrühen, die Haut abziehen.
8. Zucchini waschen, die Enden abschneiden, die Zucchini der längs halbieren, Fruchtfleisch auslösen. Fruchtfleisch würfeln.
9. Karotte waschen, evtl. schälen, hacken. Gelbe Bete waschen, fein würfeln.
10. Fenchel putzen, Strunk entfernen, hacken. Das Grün der Fenchelknolle abbrausen, auf einen Teller legen und beiseitestellen.

11. Tomaten in einen Mixer geben, Nüsse zufügen, pürieren. Salz, Pfeffer zufügen, mit Kurkuma abschmecken.
12. Thymian, Salbei, Rosmarin abbrausen, Blättchen bzw. Nadeln abzupfen, zur Tomaten-Nuss-Mischung geben, pürieren.
13. Das restliche Kokosöl in die Auflaufform geben. Ist dieses noch hart, die Form in den Backofen stellen, Kokosöl schmelzen lassen. Ist das Kokosöl geschmeidig oder flüssig, dann die Form damit einfetten.
14. In die Form die Tomaten-Nuss-Mischung füllen.
15. Die Zucchinihälften auf die Tomatenmischung legen. Die ausgehöhlten Zucchinihälften mit der Quinoa-Gemüse-Mischung füllen.
16. Mandelsplitter und Chiliflocken über der Masse verteilen, die Form in den Backofen stellen, 20 Minuten garen lassen.
17. Garnieren mit Fenchelgrün und Kräutern, Zitronensaft darüber träufeln.

Spinat im Teigmantel

Portionen: 4

Zutaten

225 g TK-Blattspinat

200 g Feta

65 g Rundkornreis

60 g Vollkornmehl mit Schrot

50 g gelbes Weizenmehl

50 ml Olivenöl

2 mittelgroße Eier

1 Zwiebel

½ Bund Petersilie

½ Bund Dill

1 kleiner Becher Joghurt (Fettgehalt: 3,5 %)

1 kleiner Becher gemischtes Öl (Olivenöl, Sonnenblumenöl, Mischungsverhältnis: 3:1)

Salz

Zubereitung

1. Backofen auf 175 °C vorheizen, eine Auflaufform leicht einfetten.

2. Feta abtropfen lassen, würfeln.
3. Petersilie und Dill abbrausen, Blättchen bzw. Spitzen abzupfen, hacken.
4. Zwiebel abziehen, würfeln.
5. Spinat auftauen, abtropfen lassen.
6. Öl in einen großen Topf geben, erhitzen. Zwiebel zufügen, dünsten.
7. Spinat zugeben, mischen.
8. Hitze reduzieren, Topf mit Deckel versehen, nach 3 Minuten das Ganze verrühren und den Topf vom Herd nehmen.
9. Reis zufügen, verrühren.
10. Petersilie, Dill, Eier zugeben, mischen.
11. Den Käse zugeben, mischen. Würzen mit Salz.
12. Joghurt in eine Schüssel geben, Ölmischung zufügen, mischen. Mit Salz würzen.
13. Die Mehle zufügen, vermischen, dann mit den Händen zu einem formbaren Teig verkneten.
14. Den Teig halbieren.
15. Die eine Hälfte vom Teig in die Auflaufform geben, einen Rand ausarbeiten.
16. Die Spinatmischung auf dem Teig verteilen.
17. Den restlichen Teig mit den Händen zu schmalen Fladen verarbeiten, diese auf der Füllung verteilen.
18. Die Form in den Backofen stellen, 45 Minuten backen.

Auberginen-Tomaten-Auflauf

Portionen: 2

Nährwerte je Portion:

Kcal: 290, Eiweiß: 16 g, Fett: 20 g, Kohlenhydrate: 8 g, Ballaststoffe: 4 g

Zutaten

2 kleine Auberginen (Gesamtgewicht: 375 g)

1 ½ EL Olivenöl

1 kleine Dose geschälte Tomaten (Abtropfgewicht: 200 g)

1 kleine Knoblauchzehe

1 kleine rote Zwiebel

½ Bund Basilikum

100 g Mozzarella

15 g geriebener Parmesan

getrockneter Oregano

Pfeffer

Salz

Zubereitung

1. Backofen vorheizen Umluft 200 °C, 1 Backblech mit Backpapier auslegen, 1 Auflaufform bereitstellen.
2. Auberginen gründlich waschen, in Scheiben schneiden, diese auf dem Backblech verteilen. Das Blech in den Ofen schieben, 7 Minuten grillen.
3. Zwiebel abziehen, in Ringe schneiden, Knoblauch abziehen, würfeln.
4. Basilikum abbrausen, Blättchen abzupfen, in Streifen schneiden.
5. 2 EL Olivenöl in eine beschichtete Pfanne geben, erhitzen. Zwiebel und Knoblauch zufügen, glasig dünsten.
6. Ablöschen mit Dosentomaten. Salz, Pfeffer zufügen, mischen. Basilikum und Oregano zugeben, mischen. Das Ganze bei geringer Hitze 10 Minuten köcheln.
7. Mozzarella abtropfen lassen, in Scheiben schneiden.
8. Die Auflaufform mit 1 EL Olivenöl einfetten. Zuerst 2 EL der Tomatenmischung in der Form verteilen. Auf die Tomaten kommen Auberginenscheiben, darauf wieder Tomatenmischung, dann Auberginenscheiben, Mozzarellascheiben darüber verteilen und mit Parmesan bestreuen. Eine Schicht nach der anderen in der Form verteilen, bis Tomatenmischung und Auberginenscheiben aufgebraucht sind.
9. Mozzarella und Parmesan bilden den Abschluss.
10. Den Auflauf im Backofen 20 Minuten backen.

Fischfilet mit Gemüse

Portionen: 2

Nährwerte je Portion:

Kcal: 294, Eiweiß: 45 g, Fett: 8 g, Kohlenhydrate: 5 g

Zutaten

2 küchenfertige Fischfilets

1 Karotte

½ Lauchstange

75 g Sellerie

50 ml trockener Weißwein

50 ml Gemüsebrühe

1 ½ EL saure Sahne

½ EL Rapsöl

½ EL mittelscharfer Senf

Salz

Pfeffer

1 Prise Zucker

Speisestärke

Zitronensaft

Zubereitung

1. Backofen auf 200 °C vorheizen, eine flache Auflaufform leicht fetten.
2. Fischfilets abspülen, trocken tupfen, mit Zitronensaft beträufeln. Würzen mit Salz, Pfeffer.
3. Die Filets in die Auflaufform legen, Weißwein zugeben, die Form in den Backofen stellen, 10 Minuten garen lassen.
4. Karotten, waschen, evtl. schälen, in Streifen schneiden.
5. Sellerie waschen, schälen, ebenfalls in Streifen schneiden.
6. Lauch putzen, längs halbieren, abspülen, in Streifen schneiden.

7. Rapsöl in eine Pfanne geben, das Gemüse zufügen, andünsten, mit Gemüsebrühe ablöschen.
8. Pfanne mit Deckel versehen, das Gemüse bissfest garen lassen.
9. Fisch aus dem Ofen nehmen, warm stellen.
10. Den Fischsud zum Gemüse geben.
11. Senf, Speisestärke und saure Sahne zufügen, alles gründlich vermischen.
12. Das Ganze köcheln lassen.
13. Zucker zugeben, mischen.

Hähnchenbrust

Portionen: 4

Nährwerte je Portion:

Kcal: 490, Eiweiß: 35 g, Fett: 16 g, Kohlenhydrate: 49 g, Ballaststoffe: 9 g

Zutaten

4 g Hähnchenbrustfilets (Gesamtgewicht: 500 g)

4 Knoblauchzehen

2 EL Sojasoße

2 EL Olivenöl zum Braten

2 EL Senf

2 EL Honig

Salz

Pfeffer

Für das Gemüse

4 Pastinaken

4 Möhren

2 Knoblauchzehen

1 Knolle Rote Bete

1 Zwiebel

1 Süßkartoffel

1 Orange

2 EL Olivenöl zum Braten

2 EL Honig

1 EL getrockneter Thymian

Salz

Pfeffer

Zubereitung

1. *Für die Marinade*: Sojasoße und Öl in eine Schüssel geben, Senf, Honig, Salz, Pfeffer zufügen, vermischen.
2. Knoblauch abziehen, hacken, zur Sojasoßenmischung geben, vermischen.
3. Hähnchenbrustfilets abspülen, trocken tupfen, in die Mischung legen, Schüssel abdecken, über Nacht ruhen lassen.
4. Backofen auf Umluft 200 °C vorheizen, eine feuerfeste Form einfetten.
5. Rote Bete waschen, schälen, stückeln. Wasser in einen Topf gießen, zum Kochen bringen. Rote Bete hineingeben, blanchieren, abgießen, kalt abschrecken, abtropfen lassen.
6. Möhren waschen, stückeln; Pastinaken putzen, in Würfel schneiden. Süßkartoffel gründlich abbürsten, evtl. schälen, in grobe Stücke schneiden.
7. Knoblauch, Zwiebel abziehen, grob hacken, in eine Schüssel geben.
8. Orange auspressen, Saft zur Knoblauchmischung geben, Öl und Honig zufügen, vermischen.
9. Das vorbereitete Gemüse in die Knoblauch-Honig-Mischung geben, durchmischen, dann in der feuerfesten Form verteilen. Mit Salz, Thymian, Pfeffer würzen, die Form in den im Backofen stellen, 45 Minuten backen.
10. Eine beschichtete Pfanne ohne Fett erhitzen, die marinierten Hähnchenbrustfilets in die Pfanne geben, von beiden Seiten scharf anbraten, Hitze reduzieren, weitere 5 - 10 Minuten braten lassen.

Quiche mit Tomaten

Portionen: 1 Quiche

Nährwerte je Portion:

Kcal: 569, Eiweiß: 24,1 g, Fett: 44,1 g, Kohlenhydrate: 20 g, Ballaststoffe: 6 g

Zutaten

200 ml Kochsahne
125 g Magerquark
125 g Vollkornmehl
125 g gemahlene Mandeln
20 in Öl eingelegte Tomaten
125 g geriebener Käse (Fettgehalt: 30 %)
100 ml Olivenöl
2 Gemüsezwiebeln
1 Knoblauchzehe
4 mittelgroße Eier
2 EL Rosmarin
1 EL grobes Meersalz
Salz
Pfeffer
etwas Fett

Zubereitung

1. Backofen auf Umluft 180 °C vorheizen; Springform leicht einfetten.
2. Rosmarin abbrausen, Nadeln abzupfen, hacken.
3. Magerquark mit Mandeln und Mehl in eine Schüssel geben, vermischen.
4. Olivenöl, die Hälfte vom Rosmarin, Salz zufügen, alles mit dem Handrührgerät zu einem glatten Teig verarbeiten.
5. Den Teig in die Form füllen, einen Rand ausarbeiten, die Form in den Ofen stellen, 15 Minuten backen.
6. Zwiebeln abziehen, in Ringe schneiden, Knoblauch abziehen, hacken.
7. Tomaten in ein Sieb schütten, abtropfen lassen, stückeln.
8. Eine beschichtete Pfanne erhitzen, Zwiebel, Knoblauch, Tomaten zugeben, anschwitzen.
9. Die Zwiebel-Tomaten-Mischung auf dem Quicheboden verteilen.
10. Kochsahne in eine Schüssel geben, Eier, Käse und 1 EL Rosmarin zufügen. Würzen mit Pfeffer und Salz, das Ganze verquirlen. Die Sahnemischung

auf der Quiche verteilen, die Quiche wieder in den Ofen stellen, 25 Minuten backen.

Herzhafte Tarte

Portionen: 4

Nährwerte je Portion:

Kcal:305, Eiweiß: 20 g, Fett: 13 g, Kohlenhydrate: 23 g, Harnsäure: 25 mg

Zutaten

Boden

50 g Magerquark

75 g Weizenmehl

2 EL Milch

3 TL Olivenöl

¼ Päckchen Weinsteinbackpulver

Salz

Belag

1 Hokkaidokürbis (Fruchtfleisch: 250 g)

100 g Magerquark

100 g fettarmer Feta (Fettgehalt: 9 %)

30 g getrocknete, in Öl eingelegte Tomaten

25 g entsteinte schwarze Oliven

1 Knoblauchzehe

2 Eier

1 Zwiebel

1 EL gehackte gemischte TK-Kräuter

½ TL Salz

Pfeffer

Chilipulver

Dip

1 Becher fettarmer Naturjoghurt (Gewicht: 150 g; Fettgehalt: 1,5 %)

50 g Magerquark

1 EL Zitronensaft

1 EL gehackte gemischte TK-Kräuter

1 Knoblauchzehe

1 TL Honig

½ TL mittelscharfer Senf

Salz

Pfeffer

Zubereitung

1. Backofen auf Umluft 180 °C vorheizen, eine runde Backform einfetten.
2. *Boden*: Mehl mit Backpulver in eine Schüssel sieben, Öl, Quark, Salz und Milch zufügen, das Ganze zu einem glatten Teig verarbeiten.
3. Den Teig in die Form geben, mit den Händen einen Rand ausarbeiten.
4. *Füllung*: Kürbis waschen, schälen, in dünne Scheiben schneiden.
5. Knoblauch, Zwiebel abziehen, hacken.
6. Tomaten in ein Sieb geben, abtropfen lassen, dabei das Öl in einer beschichteten Pfanne auffangen. Tomaten stückeln.
7. Die Pfanne erhitzen, Knoblauch, Tomaten und Zwiebel zufügen, andünsten.
8. Kürbisscheiben in die Pfanne geben, dünsten.
9. Würzen mit Salz, Pfeffer, mit Chili pikant abschmecken.
10. Eier in einer Schüssel aufschlagen, Quark und Kräuter zufügen, verquirlen.
11. Das Kürbisgemüse auf dem Teigboden verteilen, die Eiermischung darüber gießen.
12. Feta abtropfen lassen, zerbröseln, über der Tarte verteilen.
13. Oliven halbieren, ebenfalls über der Tarte verteilen.
14. Die Form in den Backofen stellen, 30 Minuten backen.
15. *Dip*: Knoblauch abziehen, hacken.
16. Joghurt, Quark in eine Schüssel geben, mischen.
17. Honig, Zitronensaft, Senf, Salz, Pfeffer und Kräuter zufügen, mischen.

Pizza aus Blumenkohl

Portionen: 1 Pizza

Nährwerte je Portion:

Kcal: 480, Eiweiß: 51 g, Fett: 23 g, Kohlenhydrate: 12 g, Ballaststoffe: 9 g

Zutaten

1 kleiner Blumenkohl (Gewicht: 220 g)

180 g fettarmer Käse (Fettanteil: 30 %)

1 Ei

1 Knoblauchzehe

1 TL italienische Kräuter

1 Tetrapack passierte Tomaten

Belag beispielsweise Schinken, Salami, Pilze, Gemüse o. a.

150 g geriebenen Käse

½ TL Salz

Zubereitung

1. Backofen auf 180 °C vorheizen, 1 Backblech mit Backpapier auslegen.
2. Blumenkohl waschen, grob stückeln, im Mixer zu Grieß zerkleinern. Die Körner in ein mikrowellengeeignetes Gefäß geben, in die Mikrowelle stellen, bei 600 Watt 8 Minuten vorgaren.
3. Knoblauch abziehen, hacken; Käse raspeln.
4. Blumenkohl, Knoblauch, Ei, Käse, italienische Kräuter und Salz in eine Schüssel geben, vermischen.
5. Die Masse auf dem Backblech verteilen, in den Ofen schieben, 15 Minuten backen.
6. Auf dem Pizzaboden die passierten Tomaten verstreichen, nach Wunsch belegen. Darüber den geriebenen Käse verteilen.
7. Die Pizza nochmals in den Ofen schieben, 10 Minuten backen.

Pfannengemüse

Portionen: 4

Nährwerte je Portion:

Kcal: 170, Eiweiß: 9 g, Fett: 7 g, Kohlenhydrate: 17 g, Ballaststoffe: 9 g

Zutaten

400 g Champignons

200 g Möhren

4 Knoblauchzehen

2 gelbe Paprika

2 rote Paprika

2 rote Zwiebeln

400 g TK-grüne Bohnen

200 g saure Sahne

1 Bund Petersilie

4 TL Rapsöl

500 ml Gemüsebrühe

Salz

Pfeffer

Zubereitung

1. Zwiebeln und Knoblauch abziehen, fein hacken.
2. Möhren waschen, in Scheiben schneiden; Paprika waschen, entkernen, die weißen Fruchthäute entfernen, stückeln.
3. Pilze putzen, Stielenden abschneiden, in Stücke schneiden. Bohnen auftauen, abtropfen lassen.
4. Rapsöl in eine beschichtete Pfanne geben, erhitzen. Zwiebeln, Knoblauch, zufügen, anschwitzen. Möhren zufügen, anschwitzen.
5. Paprika zugeben, mischen. Pilze zufügen, das Ganze 8 Minuten dünsten lassen.
6. Petersilie abbrausen, Blättchen abzupfen, hacken.
7. Bohnen und Petersilie zum Gemüse geben, weitere 3 Minuten dünsten.

8. Mit Gemüsebrühe das Ganze ablöschen, binden mit saurer Sahne.
9. Mit Salz, Pfeffer würzen.

Gemüsepfanne mit Kabeljau

Portionen: 2

Nährwerte je Portion:

Kcal: 479, Eiweiß: 44 g, Fett: 24 g, Kohlenhydrate: 21 g, Ballaststoffe: 7,5 g

Zutaten

300 ml Gemüsebrühe

200 g Zuckerschoten

100 g Magerquark

100 g Naturjoghurt (Fettgehalt: 0,1 %)

4 Kabeljaufilets

2 Karotten

1 Zwiebel

1 Kohlrabi

1 Lauchstange

6 Stiele Dill

4 EL saure Sahne

2 EL Rapsöl

2 EL Zitronensaft

Salz

Pfeffer

Cayennepfeffer

Zubereitung

1. Zwiebel abziehen, in Würfel schneiden.
2. Lauch putzen, in Ringe schneiden.
3. Karotten, Kohlrabi gründlich waschen, schälen, in Streifen schneiden.
4. Zuckerschoten waschen, putzen.
5. Rapsöl in eine große beschichtete Pfanne geben, erhitzen. Zwiebel, Lauch zufügen, andünsten.
6. Kohlrabi, Karotten zugeben, dünsten, mit Salz, Pfeffer würzen.

7. Mit Gemüsebrühe ablöschen, weiter köcheln lassen.
8. Kabeljaufilets abspülen, trocken tupfen, mit Zitronensaft beträufeln, mit Salz, Pfeffer würzen.
9. Die Fischfilets auf das Gemüse legen, Pfanne mit Deckel abdecken, das Ganze 10 Minuten dünsten lassen.
10. Zuckerschoten zugeben, nochmals 5 Minuten dünsten.
11. Sahne, in eine Schüssel geben, Quark und Joghurt zufügen, alles gründlich verrühren.
12. Dill abbrausen, Spitzen abzupfen, hacken, zur Quarkmischung geben, unterrühren. Mit Salz, Pfeffer, würzen, pikant abschmecken mit Cayennepfeffer, Zitronensaft.
13. Fisch, Gemüse und die Quarkmischung auf zwei Teller anrichten.

Pangasius auf Gemüse

Portionen: 2

Nährwerte je Portion:

Kcal: 345, Eiweiß: 21 g, Fett: 25 g, Kohlenhydrate: 10 g, Harnsäure: 180 mg

Zutaten

200 g Pangasiusfilets

1 EL Öl

1 EL Mehl

½ EL Zitronensaft

2 Karotten

1 fingernagelgroßes Stück Ingwer

½ Lauchstangen

½ Zitrone

100 ml Sahne

25 ml hefefreie Gemüsebrühe

1 EL Öl

1 TL Mehl

1 TL Curry

Salz

Pfeffer

Dill

Zubereitung

1. Pangasiusfilets kurz abspülen, trocken tupfen, mit Zitronensaft beträufeln.
2. Ingwer waschen, schälen, reiben.
3. Karotten waschen, in schräge Scheiben schneiden.
4. Lauch putzen, in schräge Scheiben schneiden, die Ringe auseinander zupfen.
5. In einer beschichteten Pfanne Öl erhitzen, Karotten, Ingwer, Lauch zufügen, andünsten.
6. Ablöschen mit Gemüsebrühe, Deckel auf die Pfanne legen und 6 Minuten garen.
7. Das Gemüse mit Mehl bestäuben, Sahne zufügen, verrühren. Würzen mit Salz, Pfeffer und Curry. Aufkochen lassen, dann warm stellen.
8. Öl in einer weiteren Pfanne erhitzen.
9. Fischfilets in Mehl wenden, in die heiße Pfanne geben, von beiden Seiten goldgelb braten.
10. Das Gemüse nochmals abschmecken, evtl. nachwürzen.
11. Die Fischfilets in der Mitte durchschneiden, mit Zitronenspalten und Dill garnieren, mit dem Gemüse servieren.

Fleischküchle mit Salat

Portionen: 4

Nährwerte je Portion:

Kcal:435, Eiweiß: 26 g, Fett: 16 g, Kohlenhydrate: 44 g, Harnsäure: 155 mg

Zutaten

350 g mageres Rinderhackfleisch

50 g Knollensellerie

1 Zwiebel

1 Scheibe Toastbrot

1 Karotte

1 Ei

4 Zweige Thymian

½ Bund Petersilie

2 EL Olivenöl

1 EL mittelscharfer Senf

Salz

Pfeffer

Salat

1 kg vorwiegend festkochende Kartoffeln

1 Bund Radieschen

½ Bund Frühlingszwiebeln

4 EL Kräuteressig

2 EL fettarme Salatcreme

1 EL Olivenöl

Salz

Pfeffer

Kresse

150 ml hefefreie Gemüsebrühe

Zubereitung

1. Kartoffeln als Pellkartoffeln zubereiten, pellen, in Scheiben schneiden, in eine Schüssel geben.
2. Gemüsebrühe in einen Topf gießen, erhitzen.
3. Frühlingszwiebeln abziehen, Zwiebelgrün waschen, beides in Ringe schneiden.
4. In eine beschichtete Pfanne 1 EL Öl geben, erhitzen. Das Weiße der Frühlingszwiebeln zufügen, dünsten, ablöschen mit der heißen Gemüsebrühe.
5. Würzen mit Essig, Salatcreme, Salz, Pfeffer.
6. Das Ganze zu den Kartoffeln geben, mischen.

7. Radieschen putzen, in Scheiben schneiden, zu den Kartoffeln geben, mischen.
8. Kresse abbrausen, mit dem Zwiebelgrün zu den Kartoffeln geben.
9. Den Kartoffelsalat in den Kühlschrank stellen, einige Zeit ruhen lassen.
10. In eine kleine Schüssel warmes Wasser geben, Toastbrot zufügen, einweichen.
11. Zwiebel abziehen, hacken. Kräuter abbrausen, ebenfalls fein hacken.
12. Sellerie putzen, Karotte schälen, beides fein raspeln.
13. Hackfleisch in eine Schüssel geben, Ei und das ausgedrückte Toastbrot zufügen, miteinander verkneten.
14. Würzen mit Senf, Salz, Pfeffer.
15. Aus dem Fleischteig 12 Kugeln formen, diese mit den Händen flach drücken.
16. 2 EL Öl in eine beschichtete Pfanne geben, erhitzen, die Frikadellen von beiden Seiten braten.

Gefüllte Pfannkuchen

Portionen: 4

Nährwerte je Portion:

Kcal:500, Eiweiß: 33 g, Fett: 13 g, Kohlenhydrate: 58 g, Harnsäure: 37 mg

Zutaten

Pfannkuchen

250 g Mehl

300 ml fettarme Milch (Fettgehalt: 1,5 %)

100 ml kohlensäurchaltiges Mineralwasser

4 EL Olivenöl

1 TL Zucker

1 TL abgeriebene Zitronenschale

Salz

Zimt

Füllung

500 g Magerquark
200 g frische Himbeeren (alternativ: TK-Himbeeren)
1 TL Honig
1 EL Zitronensaft
Vanillemark

<u>Zubereitung</u>

1. Eier trennen, Eiweiße in eine hohe Schüssel geben, zu steifem Eischnee schlagen.
2. Eigelbe in eine weitere Schüssel geben. Milch, Mineralwasser, etwas Salz, Zucker, Mehl, Zitronenschale und Zimt zufügen, verquirlen.
3. Eischnee auf die Eigelbmischung geben, unterziehen.
4. Olivenöl in einer beschichteten Pfanne erhitzen, aus dem Teig acht Pfannkuchen backen.
5. Die Pfannkuchen warm stellen.
6. Himbeeren waschen (TK-Himbeeren auftauen), verlesen, einige Beeren zur Seite legen.
7. Himbeeren in einen Mixer geben, Quark, Vanillemark, Honig und Zitronensaft zufügen, das Ganze pürieren.
8. Die Pfannkuchen mit dem Beerenpüree bestreichen, zu einer Rolle formen.
9. Mit den zur Seite gestellten Himbeeren garnieren.

Pute und Gemüse aus der Pfanne

Portionen: 2
Nährwerte je Portion:
Kcal: 503, Eiweiß: 35 g, Fett: 24 g, Kohlenhydrate: 28 g, Ballaststoffe: 18 g

<u>Zutaten</u>

200 g geräucherte Putenbrust
2 Möhren
2 gelbe Paprika
2 rote Paprika

2 Stangen Lauch

2 Zucchini

2 TL getrockneter Thymian

4 EL Weißweinessig

2 EL Wasser

2 EL Rapsöl

Salz

schwarzer Pfeffer

Zubereitung

1. Möhren waschen, schälen, in Streifen schneiden.
2. Lauch putzen, die hellgrünen und weißen Teile in Ringe schneiden.
3. Von den Zucchini die Enden abschneiden, die Zucchini in Streifen schneiden.
4. Paprika waschen, entkernen, weiße Fruchthäute entfernen, stückeln.
5. Rapsöl in eine beschichtete Pfanne geben, erhitzen. Thymian zufügen, andünsten.
6. Das Gemüse zufügen, mit dem Thymian vermischen, Wasser zugeben, 5 Minuten dünsten.
7. Mit Essig ablöschen, verrühren, die Pfanne vom Herd nehmen.
8. Das Gemüse mit Salz, Pfeffer würzen.
9. Putenbrust abspülen, trocken tupfen, in schmale Streifen schneiden, zum Gemüse geben, das Ganze gründlich durchmischen.

Pizza in der Pfanne zubereitet

Portionen: 2

Zutaten

150 g Mehl

70 ml lauwarmes Wasser

½ Päckchen frische Hefe

1 ½ EL Olivenöl

Salz

Belag nach Wunsch

1 Tetrapack passierte Tomaten

Salz

Pfeffer

Paprika

geriebener Käse

Zubereitung

1. Mehl in eine Schüssel sieben, Salz zufügen, mischen.
2. Olivenöl zugeben, das Ganze mit einer Gabel vermischen.
3. In der Mitte des Teiges eine Mulde machen, die Hefe in die Mulde bröckeln, nach und nach das lauwarme Wasser zufügen.
4. Mit der Gabel das Ganze zu einem glatten Teig verarbeiten, die Schüssel zudecken, an einen warmen Ort stellen und 25 Minuten ruhen lassen.
5. Den Teig teilen, jede Hälfte zu einem Fladen drücken.
6. Olivenöl in zwei beschichtete Pfannen verteilen, erhitzen.
7. In jede Pfanne einen Teigfladen geben, Pfanne abdecken, den Fladen bei niedriger Hitze 7 Minuten braten.
8. Noch etwas Öl in die Pfannen geben, die Fladen umdrehen und bräunen lassen.
9. Für den Belag können jetzt die Zutaten vorbereitet werden.
10. Die passierten Tomaten in eine Schüssel geben, würzen mit Salz, Pfeffer, mit Paprika pikant abschmecken.
11. Auf die fertigen Fladen die passierten Tomaten verstreichen, darauf den vorbereiteten Belag verteilen.
12. Über den Belag geriebenen Käse streuen.
13. Wieder Deckel auf die Pfannen legen, weitere 7 Minuten braten lassen.

Gefülltes Fladenbrot

Zutaten

500 g Kartoffeln

185 g Weizenmehl

185 g Vollkornweizenmehl

110 g zimmerwarme Butter

60 ml Olivenöl

250 ml warmes Wasser

1 grüne Chilischote

½ Zwiebel

1 EL Zitronensaft

½ EL Currypulver

2 TL Salz

Zubereitung

1. Kartoffeln waschen, schälen, stückeln.
2. Wasser in einen Topf gießen, Kartoffelstücke zufügen, garen.
3. Weizenmehl und Weizenvollkornmehl in eine Schüssel geben, 80 g der zimmerwarmen Butter, 1 TL Salz, Öl und 250 ml warmes Wasser zugeben, vermischen. Schüssel abdecken, 30 Minuten ruhen lassen.
4. Zwiebel abziehen, hacken. Chilischote waschen, halbieren, entkernen, hacken.
5. Die restliche Butter in eine beschichtete Pfanne geben, erhitzen.
6. Zwiebel zufügen, anbraten. Zitronensaft, Curry und Chili zugeben, 1 Minute braten.
7. Kartoffeln und 1 TL Salz zufügen, mischen, braten. Dann die Pfanne vom Herd nehmen, das Ganze abkühlen lassen.
8. Aus dem Teig 16 Fladen ausrollen.
9. Die Hälfte der Fladen mit der Kartoffelmischung bestreichen, die andere Hälfte auf die Fladen legen, die Ränder fest andrücken.
10. In eine beschichtete Pfanne etwas Öl geben, erhitzen.
11. Die Fladenbrote zufügen, beide Seiten goldbraun braten.

Gefüllte Pastete

Portionen: 4

Zutaten

500 g Lauch

250 g fertigen Pastetenteig (beispielsweise Fylo)

250 g Schafskäse

125 ml Kondensmilch

3 Eier

2 Stiele frische Petersilie (ergibt gehackt 2 EL)

½ Zwieback (ergibt 1 EL Zwiebackbrösel)

1 EL Butterschmalz

Öl

Salz

Pfeffer

2 EL geschmolzene Butter

Zubereitung

1. Backofen auf 170 °C vorheizen, einen Bräter bereitstellen.
2. Lauch putzen, in Ringe schneiden.
3. Petersilie abbrausen, hacken.
4. Zwieback zerbröseln.
5. Eier in eine Schüssel aufschlagen, leicht verrühren.
6. Schafskäse grob reiben.
7. Wasser in einen Topf gießen, die Lauchringe zufügen, blanchieren, dann abtropfen lassen.
8. Kondensmilch in einen Topf gießen, Lauch zufügen, köcheln lassen, bis das Gemüse die Flüssigkeit aufgenommen hat. Topf vom Herd nehmen, das Ganze etwas abkühlen lassen.
9. Lauch in eine Schüssel geben, Zwieback, Eier, Käse, Petersilie zufügen, mischen.
10. Würzen mit Salz und Pfeffer.

11. In den Bräter sechs Teigblätter legen, jedes Blatt mit Öl und der geschmolzenen Butter bestreichen.
12. Die Gemüsemischung darüber verteilen.
13. Auf die Gemüsemischung weitere sechs Teigblätter legen, das letzte Teigblatt mit Öl bestreichen, Wasser darüber sprühen.
14. Den Bräter in den Backofen stellen, backen, bis die Pasteten goldbraun sind.

Blumenkohl-Curry

Portionen: 2

Nährwerte je Portion:

Kcal: 360, Eiweiß: 26 g, Fett: 17 g, Kohlenhydrate: 20 g, Ballaststoffe: 12 g

Zutaten

500 ml Gemüsebrühe

400 g Tofu

250 g Zuckerschoten

2 rote Chilischoten

2 Knoblauchzehen

2 Zwiebeln

1 Blumenkohl (Gewicht ca. 750 g)

2 EL Rapsöl

2 EL Curry

2 EL Zitronensaft

1 EL Kokosflocken

1 TL Kurkuma

1 TL Salz

Zubereitung

1. Blumenkohl in Röschen teilen, waschen, den Strunk waschen, in Würfel schneiden.
2. Knoblauch, Zwiebeln abziehen, fein hacken.

3. Chilischoten waschen, halbieren, entkernen, würfeln.
4. In einem Topf Rapsöl erhitzen. Knoblauch, Chili, Zwiebeln, Salz, Curry und Kurkuma zufügen, anbraten.
5. Ablöschen mit Gemüsebrühe, das Ganze zum Kochen bringen.
6. Blumenkohl zufügen, bei geringer Hitze 22 Minuten garen.
7. Zuckerschoten waschen, Fäden abziehen. Tofu in Streifen schneiden.
8. Tofu, Zuckerschoten zum Blumenkohl geben, umrühren, weitere 3 Minuten köcheln lassen.
9. Mit Salz und Pfeffer nach Geschmack nachwürzen. Pikant abschmecken mit Zitronensaft und mit Kokosflocken bestreuen.

Buntes Gemüse-Curry

Portionen: 4

Nährwerte je Portion:

Kcal: 165, Eiweiß: 8 g, Fett: 4 g, Kohlenhydrate: 23 g, Ballaststoffe: 8 g

Zutaten

400 ml Wasser

1 Dose Kokosmilch (Inhalt: ca. 400 ml)

80 g rote Linsen

2 Möhren

2 Knoblauchzehen

1 Zucchini

1 Mango

1 Zwiebel

1 gelber Paprika

1 kleines Stück frischer Ingwer

1 roter Paprika

1 EL Kokosöl

1 EL Curry

1 EL Tomatenmark

1 EL Kurkuma

Pfeffer

Salz

Zubereitung

1. Zwiebel, Knoblauch abziehen, hacken.
2. Ingwer waschen, evtl. schälen, hacken.
3. Zucchini, Möhren waschen, stückeln.
4. Paprika waschen, halbieren, entkernen, Fruchthäute entfernen, stückeln.
5. Linsen in ein Sieb geben, gründlich abspülen, abtropfen lassen.
6. In einem großen Topf Kokosöl geben, erhitzen. Zwiebel, Knoblauch, Zucchini, Karotten, Paprika zufügen, anbraten.
7. Ingwer, Linsen zufügen, rösten.
8. Ablöschen mit Kokosmilch und Wasser.
9. Tomatenmark zufügen, verrühren, würzen mit Salz, Pfeffer und Kurkuma.
10. Topf mit Deckel abdecken, das Curry 15 Minuten köcheln lassen.
11. Mango schälen, Fruchtfleisch herauslösen, in Würfel schneiden.
12. Über das fertige Curry Mangowürfel streuen.

Curry mit Möhren

Portionen: 4

Nährwerte je Portion:

Kcal: 190, Eiweiß: 5 g, Fett: 14 g, Kohlenhydrate: 6 g

Zutaten

4 Möhren (Gesamtgewicht: 500 g)

1 Bund Petersilie

1 Zwiebel

200 ml Gemüsebrühe

2 EL Rapsöl

2 EL Mandelstifte

2 EL Sonnenblumenkerne

2 TL Curry

Salz

Pfeffer

Zubereitung

1. Möhren gründlich putzen, in Stifte schneiden.
2. Zwiebel abziehen, in Würfel schneiden.
3. Rapsöl in einen großen Topf geben, erhitzen, Zwiebeln zufügen, glasig dünsten.
4. Mandeln, Sonnenblumenkerne zufügen, kurz dünsten, mit Curry bestreuen.
5. Möhren zugeben, umrühren, mit Gemüsebrühe ablöschen, bei geringer Hitze 10 Minuten garen.
6. Petersilie abbrausen, Blättchen abzupfen, hacken, zum Curry geben, mischen.
7. Das Curry würzen mit Salz, Pfeffer, mit Chili pikant abschmecken.

Chili à la Vegetarier

Portionen: 4

Zutaten

800 g festkochende Kartoffeln

500 ml Tomatensaft

4 Frühlingszwiebeln

2 getrocknete Chilischoten

1 gelber Paprika

1 roter Paprika

1 Dose Mais

1 Dose Kidneybohnen

4 EL Crème fraîche

2 EL Sesamöl

Salz

Pfeffer

Zubereitung

1. Kartoffeln waschen, zu Pellkartoffeln verarbeiten, dann pellen und in Scheiben schneiden.
2. Kidneybohnen in ein Sieb schütten, so lange abspülen, bis sich kein Schaum mehr bildet.
3. Mais in ein Sieb schütten, abtropfen lassen.
4. Paprika waschen, entkernen, weiße Fruchthäute entfernen, grob würfeln.
5. Frühlingszwiebeln abziehen, in Ringe schneiden.
6. Chilischoten kurz abspülen, zerkrümeln.
7. Das Öl in eine beschichtete Pfanne geben, erhitzen. Kartoffeln, Zwiebeln und Paprika zufügen, 5 Minuten braten.
8. Würzen mit Salz, Pfeffer und Chili.
9. Das Ganze mit Tomatensaft ablöschen, aufkochen lassen, weitere 5 Minuten köcheln.
10. Mais und Kidneybohnen zufügen, kurz erhitzen.
11. Das Chili anrichten, einen EL Crème fraîche auf das Chili geben und servieren.

Kürbis mit Chili und Lauch

Portionen: 4

Zutaten

2 Kürbisse (Gesamtgewicht: 2 kg)

3 - 4 Lauchstangen (Gesamtgewicht: 400 g)

2 Zwiebeln

2 Chilischoten

2 Bund frischer Koriander

800 ml Kokosmilch

500 ml Gemüsebrühe

100 ml Sahne

3 EL Öl

3 EL Essigessenz

2 EL gemahlener Koriander

Salz

Pfeffer

Zubereitung

1. Kürbis schälen, Fruchtfleisch würfeln.
2. Zwiebeln abziehen, würfeln.
3. Lauch putzen, stückeln. Chili waschen, halbieren, entkernen, stückeln.
4. Das Öl in einen großen Topf geben, erhitzen. Kürbis, Zwiebeln, Chili zufügen, andünsten, dabei ständig umrühren.
5. Ablöschen mit Gemüsebrühe, Essigessenz zufügen, verrühren.
6. Würzen mit Salz, Pfeffer und dem gemahlenen Koriander. Das Ganze aufkochen lassen, dann 10 Minuten köcheln lassen.
7. Lauch zufügen, nochmals 10 Minuten garen.
8. Kokosmilch und Sahne zum Gemüse geben, verrühren, aufkochen lassen. Würzen mit Salz, Pfeffer.
9. Den frischen Koriander abbrausen, hacken, zum Gemüse geben.

Bunter Eintopf

Portionen: 4

Nährwerte je Portion:

Kcal: 420, Eiweiß: 21 g, Fett: 26 g, Kohlenhydrate: 21 g, Ballaststoffe: 9 g, BE: 2

Zutaten

1 Weißkohl (Gewicht: 600 g)

2 Rote Bete (Gesamtgewicht: 400 g)

4 Möhren

4 Lorbeerblätter

2 rote Zwiebeln

1.600 ml Gemüsebrühe

400 g Räuchertofu

200 g Joghurt

10 Stiele Schnittlauch

4 EL Olivenöl

4 EL Rotweinessig

2 TL Kümmel

1 TL gemahlener Koriander

Salz

Pfeffer

Zubereitung

1. Zwiebeln abziehen, würfeln. Karotten putzen, in schräge Scheiben schneiden.
2. Vom Weißkohl die äußeren Blätter und den Strunk entfernen und entsorgen. Die Weißkohlblätter gründlich waschen, dann stückeln.
3. Rote Bete schälen, in Stifte schneiden. (Bei der Arbeit mit Roter Bete sind Einweghandschuhe sinnvoll, dieses Gemüse färbt stark ab).
4. Olivenöl in einen großen Topf geben, erhitzen. Zwiebeln zufügen, dünsten.
5. Rote Bete, Kohl und Möhren zugeben, das Ganze mischen, bei geringer Hitze 4 - 5 Minuten dünsten.
6. Kümmel, Lorbeerblätter zufügen, andünsten.
7. Mit Gemüsebrühe ablöschen, würzen mit Salz, Pfeffer, Koriander.
8. Topf mit Deckel versehen, den Eintopf bei mittlerer Hitze 15 Minuten garen.
9. Tofu abtropfen lassen, trocken tupfen, würfeln.
10. Tofuwürfel zum Eintopf geben, untermischen, 5 Minuten weiter garen.
11. Würzen mit Salz, Pfeffer, mit Essig pikant abschmecken.
12. Schnittlauch abbrausen, in Röllchen schneiden, 2 EL Schnittlauch beiseitestellen.
13. Joghurt in eine kleine Schüssel geben, Schnittlauch zufügen, vermischen.
14. Eintopf mit Joghurt anrichten, mit Schnittlauch garnieren.

Ratatouille

Portionen: 4

Nährwerte je Portion:

Kcal: 230, Eiweiß: 9 g, Fett: 8 g, Kohlenhydrate: 24 g, Ballaststoffe: 9 g

Zutaten

4 Knoblauchzehen

2 Zucchini

2 gelbe Paprika

2 rote Paprika

1 Aubergine

1 Gemüsezwiebel

1 Dose geschälte Tomaten (Abtropfgewicht: 400 g)

½ Tube Tomatenmark

3 TL getrocknete Kräuter der Provence

2 EL Olivenöl

Zucker

Salz

schwarzer Pfeffer

Zubereitung

1. Aubergine putzen, in Stücke scheiden, in eine Schüssel geben, mit Salz bestreuen, 10 Minuten beiseitestellen. Die Stücke dann auf Küchenkrepp legen und trocken tupfen.
2. Zwiebel, abziehen, grob würfeln. Knoblauch abziehen, fein würfeln.
3. Zucchini waschen, Enden abschneiden, würfeln.
4. Paprika waschen, entkernen, Fruchthäute entfernen, stückeln.
5. Olivenöl in einen großen Topf geben, erhitzen. Knoblauch, Zwiebel und Zucchini zufügen, anbraten.
6. Paprika zufügen, kurz mit braten.
7. Aubergine zugeben, 5 Minuten anbraten lassen.

8. Tomatenmark zufügen, verrühren.
9. Würzen mit Salz, Pfeffer.
10. Mit den Dosentomaten ablöschen. Kräuter zufügen, untermischen. Zucker zufügen, unterrühren.
11. Das Ganze bei geringer Hitze 20 Minuten köcheln, wenn notwendig, noch etwas Wasser zufügen.

Risotto

Portionen: 4

Nährwerte je Portion:

Kcal: 180, Eiweiß: 6 g, Fett: 2 g, Kohlenhydrate: 36 g

Zutaten

200 g Hartweizen

1 Tetrapack passierte Tomaten (Gewicht: 200 g)

200 ml Gemüsebrühe

1 Knoblauch

1 Zwiebel

1 TL Rapsöl

Salz

Pfeffer

Zubereitung

1. Hartweizen nach Anleitung garen.
2. Knoblauch, Zwiebel abziehen, in feine Würfel schneiden.
3. Rapsöl in eine beschichtete Pfanne geben, erhitzen. Zwiebel, Knoblauch zufügen, anbraten, mit Salz, Pfeffer würzen.
4. Hartweizen zur Zwiebel-Knoblauch-Mischung geben, braten.
5. Mit der Gemüsebrühe und den passierten Tomaten ablöschen, das Risotto nochmals 5 Minuten köcheln lassen.
6. Topf mit Deckel versehen, den Topf vom Herd nehmen und das Risotto 15 Minuten ruhen lassen.

Kürbisnudeln mit Mangold

Portionen: 4

Nährwerte je Portion:

Kcal:252, Eiweiß: 12 g, Fett: 14 g, Kohlenhydrate: 16 g, Ballaststoffe: 13 g

Zutaten

1 Butternutkürbis (Gewicht: ca. 600 g)

4 Stück Mangold

2 Knoblauchzehen

2 Zwiebeln

2 Limetten

300 ml Kochsahne

4 TL Rapsöl

2 TL Puderzucker

Salz

gemahlene Muskatnuss

Pfeffer

Zubereitung

1. Limetten waschen, auspressen, Saft auffangen.
2. Mangolde in Blätter und Stiele trennen, beides waschen, abtropfen lassen.
3. Die Mangoldstiele in 3 cm große Stücke schneiden.
4. 2 TL Rapsöl in eine beschichtete Pfanne geben, Mangoldstielstücke zufügen, unter Rühren anbraten.
5. Puderzucker über die Mangoldstiele stäuben, Hitze reduzieren, den Puderzucker karamellisieren lassen. Würzen mit Pfeffer, abschmecken mit Limettensaft. Topf mit Deckel versehen, Herd ausschalten. Topf auf der Herdplatte lassen und das Ganze 10 Minuten ruhen lassen.
6. Wasser in einen Topf gießen, Salz zufügen, das Salzwasser zum Kochen bringen. Mangoldblätter hineingeben, blanchieren, bis die Blätter zusammengefallen sind, dann in ein Sieb schütten, Blätter mit den Händen ausdrücken und hacken.

7. Knoblauch, Zwiebeln abziehen, würfeln.
8. In eine beschichtete Pfanne 2 TL Rapsöl geben, erhitzen. Knoblauch, Zwiebeln zufügen, anschwitzen.
9. Mangold zugeben, Kochsahne zugießen, ablöschen und aufkochen lassen, mit Salz, Pfeffer und Muskat würzen.
10. Kürbis schälen, mit einem Spiralschneider den Kürbis zu Nudeln verarbeiten.
11. Einen Topf mit Salzwasser zum Kochen bringen. Kürbisnudeln zufügen, etwa 3 Minuten kochen lassen, bis die Nudeln al dente sind.
12. Nudeln abgießen, mit Mangoldstielen und Sahnesoße servieren.

Spaghetti und Gemüse

Portionen: 2

Nährwerte je Portion:

Kcal: 480, Eiweiß: 16 g, Fett: 8 g, Kohlenhydrate: 69 g, Ballaststoffe: 15 g

Zutaten

2 Möhren

1 Tetrapack passierte Tomaten (Gewicht: 250 g)

200 g Vollkornspaghetti

1 Zucchini

1 EL Olivenöl

1 Knoblauchzehe

1 TL Kräuter der Provence

Salz

Pfeffer

1 Stiel Petersilie

1 Stiel Basilikum

Zubereitung

1. Spaghetti nach Packungsanleitung garen.

2. Möhren putzen, evtl. schälen, Zucchini putzen, aus Möhren und Zucchini mit dem Spiralschneider Bandnudeln herstellen.
3. Kurz vor Ende der Garzeit der Vollkornspaghetti die Gemüsenudeln zu den Spaghetti geben, das Ganze 3 Minuten garen lassen.
4. Die Nudeln in ein Sieb schütten, abtropfen lassen.
5. Knoblauch abziehen, fein hacken.
6. Olivenöl in einen Topf geben, erhitzen. Knoblauch zufügen, andünsten.
7. Ablöschen mit den passierten Tomaten, Kräuter der Provence zufügen, unterrühren, bei niedriger Hitze 7 Minuten garen.
8. Würzen mit Salz, Pfeffer.
9. Petersilie, Basilikum abbrausen, Blättchen abzupfen, hacken, zur Tomatenmischung geben.
10. Spaghetti in eine Schüssel geben, die Hälfte der Tomatenmischung zufügen, mischen.
11. Anrichten auf tiefen Tellern, die restliche Tomatenmischung auf die Nudeln geben, mit Kräutern bestreuen.

Nudeln mit Tomaten

Portionen: 1

Zutaten

200 g Vollkornspiralnudeln

12 Kirschtomaten

4 EL Olivenöl

italienische Gewürzmischung

gemahlener Knoblauch

Pfeffer

Zubereitung

1. Nudeln nach Packungsanleitung zubereiten.
2. Tomaten waschen, halbieren.
3. Olivenöl in eine beschichtete Pfanne geben, Tomaten zufügen, anbraten.

4. Würzen mit Salz, Pfeffer, Knoblauch und der italienischen Gewürzmischung
5. Nudeln mit den angebratenen Tomaten auf einem Teller anrichten.

Gegrillte Tomaten

Portionen: 2

Nährwerte je Portion:

Kcal: 500, Eiweiß: 19 g, Fett: 43 g, Kohlenhydrate: 8 g

Zutaten

4 Fleischtomaten

200 g Feta

2 EL Olivenöl

1 Stiel Thymian

1 Zweig Rosmarin

grobes Salz

Pfeffer

Zubereitung

1. Grill vorheizen.
2. Tomaten waschen, den Deckel abschneiden, Tomaten aushöhlen.
3. Die ausgehöhlten Tomaten mit der Öffnung nach unten auf Küchenkrepp legen.
4. Kräuter abbrausen, vom Thymian die Blättchen, vom Rosmarin die Nadeln abzupfen, beides hacken.
5. Feta kurz abtropfen lassen, zerbröseln, in eine Schüssel geben. Kräuter und Öl zufügen, mischen, mit Salz, Pfeffer würzen.
6. Die Fetamischung in die Tomaten füllen, den Deckel auf die Tomaten setzen.
7. 4 Stück Alufolie zuschneiden, die Folie leicht mit Öl einfetten.
8. Jede Tomate in Alufolie einwickeln.
9. Auf dem Grill 10 Minuten grillen.

Senf-Eier

Portionen: 4

Zutaten

8 Eier

250 ml Milch

250 ml Gemüsebrühe

200 ml Wasser

600 g TK-Buttergemüse

30 g Mehl

30 g Margarine

3 EL Senf

½ Bund Petersilie

Salz

weißer Pfeffer

geriebene Muskatnuss

Zubereitung

1. Einen Topf mit 200 ml Wasser zum Kochen bringen, das Gemüse zufügen, 8 Minuten köcheln lassen.
2. Eier hart kochen, abschrecken.
3. In einen Topf die Margarine geben, erhitzen, schmelzen lassen.
4. Mehl zufügen, anschwitzen.
5. Ablöschen mit Milch und Gemüsebrühe, aufkochen lassen, dann weitere 5 Minuten köcheln lassen.
6. Würzen mit Salz, Pfeffer, Senf, Muskat.
7. Eier pellen, in die Senfsoße geben, warmhalten.
8. Petersilie abbrausen, trocken schütteln, hacken, über die Senfsoße streuen.

6.3 Salate

Es geht nichts über einen guten Salat; er sättigt, hat wenig Kalorien und besteht aus gesunden Zutaten. Deshalb wird Menschen, die von Rheuma betroffen sind, empfohlen, viel Salat zu essen.

Salat kann als Beilage zum Hauptgericht serviert werden, aber auch als vollständige Mahlzeit. Wer mag, der isst zum Salat Baguette, Brötchen oder Brot; doch viele Salate sind so gehaltvoll, dass man auf Backwaren verzichten kann. Besonders im Sommer sind Salate eine willkommene, schnell gemachte Mahlzeit, die überdies auch sehr gesund ist.

Putenbrustsalat

Portionen: 4

Nährwerte je Portion:

Kcal: 177, Eiweiß: 21 g, Fett: 5,9 g, Kohlenhydrate: 9 g, Ballaststoffe: 1,5 g

Zutaten

250 g frische Putenbrust

2 hart gekochte Eier

1 Zwiebel

1 kleiner roter Paprika

1 kleiner grüner Paprika

1 säuerlicher Apfel

250 g Naturjoghurt (fettarm)

½ EL Kokosöl

Salz

Pfeffer

Petersilie

Zubereitung

1. Putenbrust abspülen, trocken tupfen, würfeln.
2. Kokosöl in eine beschichtete Pfanne geben, Putenbrust zufügen, goldbraun braten.
3. Die Putenbrustwürfel von der Pfanne in eine Schüssel geben.
4. Würzen mit Salz, Pfeffer.
5. Eier schälen.
6. Zwiebel abziehen, würfeln.
7. Paprika waschen, entkernen, Fruchthäute entfernen, würfeln.

8. Apfel waschen, Kerngehäuse entfernen, klein schneiden.
9. Eier, Zwiebel, Paprika, Apfel zu den Putenbrustwürfeln geben, mischen.
10. Petersilie abbrausen, hacken, zum Salat geben.
11. Den Joghurt zufügen, das Ganze vermischen.

Bulgursalat

Portionen: 2

Nährwerte je Portion:

Kcal: 340, Eiweiß: 6 g, Fett: 15 g, Kohlenhydrate: 41 g, Ballaststoffe: 8 g

Zutaten

100 g grober Bulgur
200 ml Gemüsebrühe
1 Fleischtomate
1 Möhre
1 kleine Salatgurke (Gewicht: ca. 125 g)
1 Zweig Minze
½ Bund Petersilie
Salz
Pfeffer
gemahlene Muskatnuss

Dressing

1 EL heller Balsamico
4 EL Olivenöl
1 Prise Zucker
¼ TL gemahlener Kreuzkümmel
Salz
Pfeffer

Zubereitung

1. Gemüsebrühe zubereiten.

2. Einen großen Topf erhitzen, Bulgur zufügen, kurz rösten.
3. Ablöschen mit Gemüsebrühe, das Ganze bei niedriger Hitze 15 Minuten unter Rühren garen lassen.
4. Gurke waschen, evtl. schälen, würfeln; Tomate waschen, Stielansatz herausschneiden, würfeln.
5. Möhre waschen, schälen, grob raspeln.
6. Minze und Petersilie abbrausen, Blättchen abzupfen, hacken.
7. *Dressing:* Essig in eine Schüssel geben, Salz, Pfeffer zufügen, mischen.
8. Kreuzkümmel, Zucker zugeben, mischen. Olivenöl zufügen, unterschlagen.
9. Den erkalteten Bulgur in eine Schüssel geben, Gemüse zufügen, mischen.
10. Kräuter zufügen, nochmals kräftig durchmischen.
11. Über den Salat das Dressing gießen, vermischen. Würzen mit Salz, Pfeffer, mit Muskat abschmecken.

Tomatensalat mit Avocado

Portionen: 2

Nährwerte je Portion:

Kcal: 296, Eiweiß: 4 g, Fett: 21 g, Kohlenhydrate: 15 g, Ballaststoffe: 8 g

Zutaten

1 reife Avocado

½ Mango

175 g Cocktailtomaten

125 g Rucola

½ EL Zitronensaft

Dressing

1 EL Olivenöl

1 EL Orangensaft

1 EL Zitronensaft

½ EL Senf

Pfeffer

Zubereitung

1. Avocado halbieren, entsteinen, Fruchtfleisch herauslösen, Fruchtfleisch in Würfel schneiden.
2. Mango halbieren, eine Hälfte der Frucht schälen, Fruchtfleisch würfeln.
3. Zitronensaft über die Avocado- und Mangowürfel träufeln.
4. Tomaten waschen, halbieren.
5. Rucola waschen, verlesen, grobe Stiele entfernen.
6. Mango, Avocado mit den Tomaten und Rucola in eine Schüssel geben, vorsichtig vermischen.
7. *Dressing*: Zitronen- und Orangensaft in eine Schüssel geben, Senf zufügen, verrühren.
8. Würzen mit Salz, Pfeffer; Olivenöl zugeben, unterschlagen.
9. Das Dressing über den Salat gießen, das Ganze vorsichtig vermischen.

Salat Mittelmeertraum

Portionen: 2

Nährwerte je Portion:

Kcal: 224, Eiweiß: 10 g, Fett: 16 g, Kohlenhydrate: 9 g

<u>Zutaten</u>

325 g Brokkoli

75 g Cocktailtomaten

50 g Feta aus Schafsmilch

4 in Öl eingelegte getrocknete Tomaten

1 ½ Frühlingszwiebeln

½ Knoblauchzehe

¼ Bund Petersilie

2 EL Olivenöl

1 EL Balsamico

Salz

Pfeffer

<u>Zubereitung</u>

1. Brokkoli in Röschen teilen, putzen, abtropfen lassen.
2. Salzwasser in einem Topf zum Kochen bringen, Brokkoli hineingeben, 5 Minuten dünsten, abschütten und abkühlen lassen.
3. Zwiebeln abziehen, in Ringe schneiden.
4. Tomaten waschen, halbieren.
5. Brokkoli mit Zwiebeln und Tomaten in eine Schüssel geben.
6. *Dressing*: Balsamico in eine weitere Schüssel geben, würzen mit Salz, Pfeffer. Öl zufügen, unterrühren.
7. Petersilie abbrausen, Blättchen abzupfen, hacken, zum Dressing geben, mischen.
8. Dressing über dem Gemüse geben, durchmischen.
9. Feta würfeln, zum Salat geben, mischen.

Schneller Eiersalat

Portionen: 2

Nährwerte je Portion:

Kcal: 330, Eiweiß: 18,9 g, Fett: 15,9 g, Kohlenhydrate: 24,01 g, Ballaststoffe: 3 g

Zutaten

4 Eier, Größe M

1 säuerlicher Apfel

2 Gewürzgurken

1 kleine rote Zwiebel

3 EL Joghurt (Fettgehalt: 1,5 %)

2 EL Mayonnaise (Fettgehalt: 4,8 %)

1 EL Sonnenblumenkerne

1 EL Weißweinessig

1 TL Curry

Salz

Pfeffer

Cayennepfeffer

2 Stiele Petersilie

Zubereitung

1. Eier hart kochen, abschrecken, abkühlen lassen.
2. *Dressing*: Joghurt und Mayonnaise in eine Schüssel geben, verrühren.
3. Essig zufügen, unterrühren, mit Salz, Pfeffer, Curry würzen, pikant abschmecken mit Cayennepfeffer.
4. Apfel waschen, schälen, Kerngehäuse entfernen, Apfel in kleine Würfel schneiden.
5. Petersilie abbrausen, hacken.
6. Zwiebel abziehen, in Ringe schneiden, Gewürzgurken würfeln.
7. Eier pellen, klein schneiden.
8. Alles, außer die Sonnenblumenkerne in eine Schüssel geben, mischen.
9. Dressing über das Ganze gießen, vermischen.
10. Über den Eiersalat Sonnenblumenkerne streuen.

Eiweißreicher Feldsalat

Portionen: 2

Nährwerte je Portion:

Kcal: 275, Eiweiß: 6 g, Fett:17,9 g, Kohlenhydrate: 16,1 g, Ballaststoffe: 4,9 g

Zutaten

100 g Feldsalat

300 g Cocktailtomaten

10 g gehobelte Haselnüsse

1 Apfel

1 Zwiebel

2 EL Rapsöl

2 EL Weißweinessig

2 Ziegenfrischkäsetaler (Gewicht je Taler: 40 g)

1 TL mittelscharfer Senf

1 TL Reissirup

Salz

Pfeffer

Zubereitung

1. Den Grill vom Backofen vorheizen, 1 Backblech mit Backpapier auslegen.
2. Feldsalat verlesen, größere Wurzelansätze entfernen. Salat waschen, trocken schleudern.
3. Tomaten waschen, halbieren.
4. Apfel waschen, Kerngehäuse entfernen, Fruchtfleisch in Scheiben schneiden.
5. Eine beschichtete Pfanne erhitzen, Haselnüsse zugeben, rösten, beiseitestellen.
6. *Dressing*: Zwiebel abziehen, fein würfeln, in eine Schüssel geben.
7. Essig mit Reissirup, Senf zufügen, mischen, würzen mit Salz, Pfeffer, Rapsöl zugeben, unterschlagen.
8. Die Käsetaler auf das Backblech legen, im Backofen 4 Minuten gratinieren lassen.
9. Feldsalat, Apfel, Tomaten zum Dressing geben, alles gut vermischen.
10. Käsetaler mit dem Salat anrichten.

Nizzasalat

Portionen: 2

Nährwerte je Portion:

Kcal: 290, BE: 0, KE: 0

Zutaten

1 Dose Thunfisch im eigenen Saft (Abtropfgewicht: 150 g)

150 g grüne Bohnen

1 Kopfsalat

1 rote Zwiebel

2 Tomaten

2 Eier

20 g entsteinte schwarze Oliven (nicht in Öl eingelegt)

2 EL Weißweinessig

1 EL Olivenöl

1 TL mittelscharfer Senf

Salz

Pfeffer

Zubereitung

1. Eier hart kochen, abschrecken, beiseitestellen.
2. Bohnen putzen, halbieren, abtropfen lassen.
3. Salzwasser in einem Topf zum Kochen bringen, Bohnen zugeben, 8 Minuten köcheln lassen, abgießen, Wasser auffangen.
4. Salat in grobe Stücke zupfen, Tomaten waschen, evtl. Stielansatz entfernen, vierteln. Eier pellen, vierteln.
5. Zwiebel abziehen, in Ringe schneiden, Thunfisch in ein Sieb geben, zerpflücken.
6. Essig in eine Schüssel geben, Senf zugeben, mischen, mit etwas Bohnenwasser auffüllen. Würzen mit Salz, Pfeffer. Olivenöl unterrühren.
7. Salatblätter in einer Schüssel verteilen, die Hälfte vom Dressing darüber gießen, mischen. Salatblätter auf vier Teller verteilen.
8. Auf die Salatblätter Eier, Bohnen Tomaten, Zwiebel, Thunfisch und Oliven anrichten. Das restliche Dressing über den Salat träufeln.

Salat aus dem Morgenland

Portionen: 6

Zutaten

12 kleine runde Ziegenkäse

2 rote Paprika

2 gelbe Paprika

2 grüne Paprika

2 Möhren

2 rote Chilischoten

2 Limetten

2 Frühlingszwiebeln

2 Knoblauchzehen

2 Tomaten

2 Bund Petersilie

2 Bund Koriander

2 Bund Minze

2 Bund Dill

1 Avocado

1 Salatgurke

16 Cherrytomaten

6 EL Olivenöl

4 EL Kürbiskernöl

4 TL Ahornsirup

Salz

Pfeffer

Zubereitung

1. Backofen auf Umluft 180 °C vorheizen, Auflaufform mit Backpapier auslegen.
2. Die Paprika waschen, entkernen, grob würfeln.
3. Möhren waschen, würfeln.
4. Salatgurke und Tomate waschen, beides würfeln.
5. Knoblauch abziehen, fein hacken; Chilischote waschen, halbieren, entkernen, fein hacken.
6. Frühlingszwiebeln abziehen, in Scheiben schneiden.
7. Kräuter abbrausen, Blättchen abzupfen, hacken.
8. Das Gemüse mit den Kräutern in eine Schüssel geben, mischen. Knoblauch, Zwiebel und Chili zufügen, vermengen.
9. Limetten waschen, auspressen, Saft auffangen, die Schalen abreiben.
10. *Dressing:* Öl und Limettensaft mit der Limettenschale in eine Schüssel geben, mischen. Würzen mit Salz, Pfeffer.

11. Das Dressing über den Salat gießen, gründlich vermischen.
12. Avocado halbieren, entsteinen, Fruchtfleisch herauslösen, würfeln. Die Avocadowürfel zum Salat geben, unterheben.
13. Die Käsetaler in der Auflaufform verteilen, mit Ahornsirup und Kürbiskernöl bestreichen. Die Form in den Backofen stellen, backen, bis der Käse anfängt, zu verlaufen.
14. Den Salat auf Tellern anrichten, Ziegenkäsetaler in die Mitte legen, mit Cherrytomaten, einigen Minze- und Korianderblättern garnieren.
15. An den Tellerrand einige Tropfen Ahornsirup und Kürbiskernöl verteilen.

Anatolischer Kartoffelsalat

Portionen: 4

Zutaten

1 kg festkochende Kartoffeln

2 rote Zwiebeln

1 Bund Frühlingszwiebeln

1 Bund frische Petersilie

1 Bund frischer Dill

1 Zitrone

Salz

Öl

Zubereitung

1. Kartoffeln zu Pellkartoffeln kochen, pellen und abkühlen lassen, dann würfeln und in eine Schüssel geben.
2. Zwiebeln und Frühlingszwiebeln abziehen, in Ringe schneiden.
3. Kräuter abbrausen, trocken schütteln, hacken.
4. Zwiebeln und Kräuter zu den Kartoffelwürfeln geben.
5. Zitrone auspressen, Saft auffangen. Salz und Öl zufügen, mischen. Zu den Kartoffel-Zwiebel-Würfeln geben, mischen.
6. Würzen mit Salz und evtl. mit Zitronensaft abschmecken.

Gurkensalat mit Ingwer und Chili

Portionen: 2

Nährwerte je Portion:

Kcal:70, Eiweiß: 1 g, Fett: 5 g, Kohlenhydrate: 5 g, Harnsäure: 9 mg

Zutaten

1 kleine Salatgurke

1 kleine rote Chilischote

2 Stiele Koriander

1 daumennagelgroßes Stück Ingwer

1 EL Olivenöl

1 EL Balsamico Blanco

½TL Zitronensaft

½ TL Honig

Salz

weißer Pfeffer

Zubereitung

1. Gurke waschen, der Länge nach halbieren, in Scheiben hobeln, in eine Schüssel geben.
2. Chilischote waschen, halbieren, entkernen, würfeln.
3. Koriander abbrausen, hacken.
4. Ingwer abwaschen, schälen, würfeln.
5. Eine Pfanne mit Öl erhitzen, Ingwer zufügen, andünsten.
6. Honig zufügen, verrühren. Pfanne vom Herd nehmen, das Ganze abkühlen lassen.
7. Zitronensaft und Essig zum Ingwer geben, einrühren. Würzen mit Salz, Pfeffer.
8. Die Ingwer-Honig-Mischung zu den Gurkenscheiben geben, mischen.
9. Chili und Koriander zufügen, durchmischen.

Leichter Salat mit Pute

Portionen: 2

Nährwerte je Portion:

Kcal:260, Eiweiß: 29 g, Fett:10 g, Kohlenhydrate: 11 g, Harnsäure: 148 mg

Zutaten

150 g Putenbrustfilet

75 g Gewürzgurken

2 Eier

1 Apfel

1 Stange Staudensellerie

½ Bund Schnittlauch

100 g Magermilchjoghurt

500 ml Wasser

½ EL Öl

1 EL Weißweinessig

½ TL Meerrettich aus dem Glas

Salz

Pfeffer

Zitronensaft

Zubereitung

1. Putenbrustfilet abspülen, trocken tupfen, mit Salz, Pfeffer würzen.
2. Öl in einer beschichteten Pfanne erhitzen. Filet zufügen, von beiden Seiten scharf anbraten. Hitze reduzieren, das Filet garen lassen.
3. Sellerie waschen, in Scheiben schneiden.
4. Apfel waschen, schälen, würfeln, Zitronensaft über die Würfel träufeln.
5. Gurken würfeln.
6. Joghurt und Meerrettich in eine Schüssel geben, verrühren.
7. Apfel und Gurken zufügen, mischen.
8. Das gegarte Filet stückeln.

9. Schnittlauch abbrausen, trocken schütteln, hacken.
10. Schnittlauch und die Hälfte der Fleischstücke zum Salat geben, mischen.
11. Würzen mit Salz, Pfeffer und Zitronensaft.
12. Den Salat auf zwei Teller verteilen.
13. Das Wasser in einen Topf gießen, Essig zufügen, zum Kochen bringen. Hitze reduzieren.
14. Die Eier vorsichtig aufschlagen, das Innere der Eier gemächlich und vorsichtig in das heiße Wasser geben.
15. Die verlorenen Eier 3 Minuten garen.
16. Die Eier mit einem Schaumlöffel aus der Wasser-Essig-Mischung holen, abtropfen lassen.
17. Auf jeden Salatteller ein Ei geben, mit Selleriegrün und Schnittlauch bestreuen.

6.4 Desserts – Zwischenmahlzeiten

In diesem Kapitel geht es um Desserts, die man auch genießen kann, wenn der kleine Hunger kommt. Alle Rezepte sind für die Ernährung von Rheumapatienten ausgerichtet, leicht herzustellen und ein vollendeter Genuss.

Dessert mit Avocado

Portionen: 2

Nährwerte je Portion:

Kcal: 170, Eiweiß: 9 g, Fett: 9 g, Kohlenhydrate: 13 g, Ballaststoffe: 9 g

Zutaten

1 Avocado

1 Orange

2 EL Kakaopulver (entfettet)

1 Vanilleschote

1 EL Mandelblättchen

1 EL Vollrohrzucker

Salz

Zubereitung

1. Orange schälen, dabei die weiße Haut entfernen, die Orangen in Filets teilen, den austretenden Saft auffangen.

2. Avocado halbieren, entsteinen, Fruchtfleisch herauslösen, grob würfeln.
3. Vanilleschote aufschneiden, Mark herauskratzen.
4. Avocadowürfel, Kakao, Vanille, Zucker und eine kleine Prise Salz in eine hohe Rührschüssel geben, mit dem Stabmixer zu Püree verarbeiten.
5. Das Püree in Schalen füllen, Orangenfilets darüber verteilen, das Dessert für 2 Stunden in den Kühlschrank stellen.
6. Eine beschichtete Pfanne erhitzen, Mandelblättchen hineingeben, rösten, beiseitestellen und abkühlen lassen, dann über dem Dessert verteilen.

Orangendessert

Portionen: 4

Nährwerte je Portion:

Kcal: 170, Eiweiß: 9 g, Fett: 9 g, Kohlenhydrate: 13 g, Ballaststoffe: 9 g

Zutaten

2 Avocados

2 Orangen

4 EL Kakaopulver (entfettet)

2 Vanilleschoten

2 EL Mandelblättchen

2 EL Vollrohrzucker

Salz

Zubereitung

1. Orangen schälen, dabei die weiße Haut entfernen, die Orangen in Filets teilen, den austretenden Saft auffangen.
2. Avocados halbieren, entsteinen, Fruchtfleisch herauslösen, grob würfeln.
3. Vanilleschote aufschneiden, Mark herauskratzen.
4. Avocadowürfel, Kakao, Vanille, Zucker und eine kleine Prise Salz in eine hohe Rührschüssel geben, mit dem Stabmixer zu Püree verarbeiten.
5. Das Püree in Schalen füllen, Orangenfilets darüber verteilen, das Dessert für 2 Stunden in den Kühlschrank stellen.

6. Eine beschichtete Pfanne erhitzen, Mandelblättchen hineingeben, rösten, beiseitestellen und abkühlen lassen, dann über dem Dessert verteilen.

Pudding mit Schoko und Tofu

Portionen: 4

Nährwerte je Portion:

Kcal: 120, Eiweiß: 8 g, Fett: 5 g, Kohlenhydrate: 10 g

Zutaten

200 ml Kokosmilch

300 g Seidentofu

20 g Zucker

50 g Kakaopulver (teilweise entölt)

2 TL Instant-Kaffeepulver

½TL Vanillezucker

Zubereitung

1. Kokosmilch in eine hohe Rührschüssel gießen, Seidentofu zufügen, das Ganze gut vermischen und mit dem Stabmixer pürieren.
2. Die restlichen Zutaten zur Kokosmilchmischung geben, alles gut vermischen.
3. Den Pudding in Schälchen füllen, 1 Stunde in den Kühlschrank stellen, dann genießen.

Überbackener Schafskäse

Portionen: 2

Nährwerte je Portion:

Kcal:120

Zutaten

2 eingelegte Schafskäsescheiben

4 Tomaten
2 rote kleine Paprika
2 kleine Zwiebeln
2 Peperoni
4 EL Kräuter der Provence
4 EL Olivenöl
Salz
Pfeffer
Zubereitung

1. Backofen auf 200 °C vorheizen, eine feuerfeste Form vorbereiten.
2. Die Käsescheiben in die Form legen. Olivenöl über den Käse geben, mit Salz, Pfeffer würzen, mit den Kräutern der Provence bestreuen.
3. Tomaten waschen, achteln.
4. Zwiebeln abziehen, würfeln.
5. Paprika waschen, entkernen, würfeln.
6. Tomaten, Zwiebeln und Paprika auf dem Käse verteilen.
7. Peperoni halbieren, entkernen, würfeln, zum Käse geben.
8. Die Form in den Backofen stellen, 20 Minuten backen.

Gefüllte Avocado

Portionen: 2
Nährwerte je Portion:
Kcal: 260, Eiweiß: 6 g, Fett: 19 g, Kohlenhydrate: 10 g, Ballaststoffe: 6 g
Zutaten
1 Avocado
2 EL Basilikum
1 Tomate
1 Frühlingszwiebel
½ kleiner Knoblauch

2 EL Balsamico

1 EL Pinienkerne

1 EL geriebener Parmesan

Salz

Pfeffer

Zubereitung

1. Avocado halbieren, entsteinen, die Hälften mit Salz, Pfeffer würzen.
2. Eine beschichtete Pfanne ohne Fett erhitzen, Pinienkerne zufügen, goldbraun rösten.
3. Tomate mit heißem Wasser überbrühen, Haut abziehen, Stielansatz entfernen, Tomate würfeln.
4. Zwiebel, Knoblauch abziehen, hacken.
5. Alles in eine Schüssel geben, Balsamico über das Ganze geben, mischen.
6. Die Tomatenmischung in die Aussparung, in welcher der Stein vorhanden war, füllen.
7. Parmesan und Pinienkerne über der Avocado verteilen.

Gurkenkaltschale

Portionen: 4

Zutaten

2 große Salatgurken (Gesamtgewicht: 1 kg)

1 großer Becher Vollmilchjoghurt (Gewicht: 300 g)

1 Knoblauchzehe

1 rote Zwiebel

1 Bund Kresse

1 Bund Dill

750 ml Buttermilch

150 g Crème fraîche

1 EL Zitronensaft

Zucker

Salz

Pfeffer

Zubereitung

1. Gurken schälen, halbieren, entkernen, stückeln, in eine hohe Schüssel geben.
2. Die Gurken mit dem Pürierstab zu Püree verarbeiten.
3. Knoblauch, Zwiebel zufügen, mischen.
4. Joghurt, Buttermilch, Crème fraîche, Salz, Pfeffer, Zitronensaft, Zucker zufügen, das Ganze gut verrühren.
5. Dill und Kresse abbrausen, hacken, zur Kaltschale geben, verrühren.
6. Die Kaltschale in den Kühlschrank stellen, 1 Stunde ruhen lassen.

6.5 Frühstücksideen

Unsere Frühstücksrezepte beziehen sich auf das zweite Frühstück; das erste Frühstück ist ein großes Glas kohlensäurefreies Wasser oder eine große Tasse basischer Tee.

Dieses zweite Frühstück können Sie nach Ihren Vorlieben genießen. Belegte Brötchen oder Brotschnitten haben wir nicht extra aufgeführt, dafür aber Frühstücksrezepte mit viel Protein und Obst.

Obstquark

Portionen: 2

Nährwerte je Portion:

Kcal: 407, Eiweiß: 16 g, Fett: 23 g, Kohlenhydrate: 30 g, Ballaststoffe: 3 g

Zutaten

10 EL frisches Obst nach Wahl (Äpfel, Beeren, Banane)

4 EL Haferkleie

6 EL Milch (Fettgehalt: 3,5 %)

6 EL Magerquark

2 EL Weizenkeimöl

2 EL Leinöl

2 TL Ahornsirup

einige Spritzer Zitronensaft

2 TL Mandelsplitter zum Garnieren

Zubereitung

1. Das Obst waschen, Beeren verlesen. Erdbeeren in Scheiben schneiden. Äpfel in Schnitze schneiden. Banane schälen, in Scheiben schneiden.
2. Milch, Quark, Weizenkeimöl, Leinöl, Ahornsirup, Haferkleie, Zitronensaft und Quark in einen Mixer geben, Milch zufügen, das Ganze pürieren.
3. Die Quarkspeise in ein Schälchen füllen, mit Mandelsplitter bestreuen.

Beerenquark mit Chia

Portionen: 2

Zutaten

300 g gemischte Beeren

1 Avocado

6 EL Quark

4 EL Milch

4 EL Chiasamen

2 EL Leinsamen

einige Spritzer Zitronensaft

Zubereitung

1. Milch und Chiasamen in eine Müslischüssel geben, 15 Minuten quellen lassen.
2. Aus der halbierten Avocado das Fruchtfleisch herauslösen, dieses auf einen Teller geben, mit einer Gabel zerdrücken, mit Zitronensaft beträufeln.
3. Die restlichen Zutaten mit Avocado, Beeren und Chiasamen und Quark in die Müslischüssel oder in ein Glas nach Wunsch schichten.

Gemischter Haferbrei

Portionen: 2

Nährwerte je Portion:

Kcal: 601, Eiweiß: 18 g, Fett: 40 g, Kohlenhydrate: 39 g, Ballaststoffe: 123 g

Zutaten

4 EL Leinsamen

4 EL Dinkelflocken

4 EL Haferflocken

2 EL Leinöl

2 EL Chiasamen

2 EL Weizenkeimöl

2 TL zuckerfreier, schwach entölter Kakao

2 TL Ahornsirup

1 TL Kurkuma

300 ml fettarme Milch

schwarzer Pfeffer

Zubereitung

1. Milch in eine Schüssel gießen, Chiasamen, Haferflocken, Leinsamen, Dinkelflocken zufügen.
2. Schüssel abdecken, in den Kühlschrank stellen, über Nacht einweichen lassen.
3. Am nächsten Morgen Schüssel aus dem Kühlschrank nehmen, Honig, Leinöl, Kakao und Weizenkeimöl zufügen, verrühren.
4. Würzen mit Pfeffer, mit Kurkuma pikant abschmecken.

Kokos-Porridge

Portionen: 2

Nährwerte je Portion:

Kcal: 430, Eiweiß: 14 g, Fett: 21,9 g, Kohlenhydrate: 38 g, Ballaststoffe: 13 g

Zutaten

350 ml fettarme Milch (Fettgehalt: 1,5 %)

150 g rote Johannisbeeren

150 g Himbeeren

50 g Kokosraspeln

6 EL Haferflocke3n

1 EL Reissirup

Salz

Zubereitung

1. Johannisbeeren abzupfen, verlesen, waschen, abtropfen lassen.
2. Himbeeren verlesen, waschen.
3. Die Beeren in eine Schüssel geben, vorsichtig vermischen, Reissirup zufügen, unterrühren.
4. Die Milch in einen Topf gießen, Haferflocken, Kokosraspeln und eine Prise Salz zufügen, unter Rühren aufkochen.
5. Den Topf vom Herd nehmen, Porridge abkühlen lassen, dann Beeren und Porridge abwechselnd in Gläser oder Schälchen schichten.

Porridge mit Blaubeeren

Portionen: 2

Nährwerte je Portion:

Kcal: 524, Eiweiß: 16 g, Fett: 32 g, Kohlenhydrate: 31 g, Ballaststoffe: 11 g

Zutaten

500 g frische Blaubeeren

800 ml Wasser

200 g gehackte Mandeln

8 EL Haferflocken

4 EL Agavendicksaft

10 EL Joghurt

Salz

Zubereitung

1. Eine beschichtete Pfanne erhitzen, Mandeln zufügen, rösten.

2. Wasser in einen Topf gießen, Haferflocken, Salz zufügen, aufkochen lassen.
3. Topf vom Herd nehmen.
4. Beeren verlesen, waschen, zu den Haferflocken geben, unterrühren.
5. Agavendicksaft und Mandeln zufügen, unterrühren. Das Ganze abkühlen lassen.
6. Joghurt zufügen, einrühren, das Porridge in ein Schälchen füllen.

Müsli mit Früchten

Portionen: 2

Nährwerte je Portion:

Kcal:,270 Eiweiß: 10 g, Fett: 5 g, Kohlenhydrate: 44 g, Harnsäure: 45 mg

Zutaten

300 g gemischtes frisches Obst (Blaubeeren, Äpfel, Bananen)

2 Becher fettarmer Naturjoghurt (Gewicht je Becher: 200 g)

4 EL Haferflocken

Zimt

2 TL Honig

einige Minzeblättchen

2 TL gehackte Haselnüsse

Zubereitung

1. Eine beschichtete Pfanne ohne Fett erhitzen, Haselnüsse zufügen, rösten.
2. Beeren verlesen, waschen.
3. Apfel waschen, würfeln.
4. Banane schälen, in Scheiben schneiden.
5. Joghurt in eine Schüssel geben, Honig, Zimt zufügen, verrühren.
6. Haferflocken zufügen, mischen.
7. Das vorbereitete Obst zugeben, untermischen.
8. Das Müsli in zwei Schälchen füllen, mit gerösteten Haselnüssen und Minzeblättchen garnieren.

Spiegeleier mit Tomaten

Portionen: 4

Nährwerte je Portion:

Kcal: 200, Eiweiß: 14 g, Fett: 11 g, Kohlenhydrate: 10 g, Ballaststoffe: 3 g

Zutaten

8 Eier

4 Stiele Basilikum

2 Schalotten

2 gelbe Chilischoten

1 große Dose geschälte Tomaten (Abtropfgewicht: 800 g)

2 TL Rapsöl

Salz

Pfeffer

Zubereitung

1. Schalotten abziehen, in Ringe schneiden.
2. Chili waschen, entkernen, in Streifen schneiden.
3. Dosentomaten in ein Sieb schütten, abtropfen, stückeln.
4. In eine beschichtete Pfanne Rapsöl geben, Schalotten zufügen, anschwitzen.
5. Chili, Tomaten zugeben, würzen mit Salz, Pfeffer. 10 Minuten bei geringer Hitze köcheln lassen.
6. Die Eier schnell nacheinander in die Pfanne aufschlagen, kochen lassen.
7. Basilikum abbrausen, Blättchen abzupfen, in Streifen schneiden, zu den Eiern geben, unterrühren.

6.6 Smoothies und Getränke

Hier finden Sie einige Rezeptideen für Getränke, die Sie alternativ zum Kaffee zubereiten können. Natürlich auch viele Smoothierezepte. Smoothies sind grundsätzlich keine Durstlöscher, sondern gehören eher in die Kategorie Zwischenmahlzeit oder Frühstück. Smoothies bestehen aus gesunden Nahrungsmitteln, was für Sie als Betroffene von Rheuma sehr wichtig ist. Alle

Getränke und Smoothies sind einfach zuzubereiten, sind sehr gesund und perfekt für den Genuss für zwischendurch.

Hafershake

Portionen: 1

Nährwerte je Portion:

Kcal:218, Eiweiß: 8 g, Fett: 11 g, Kohlenhydrate: 20 g, Ballaststoffe: 9 g

Zutaten

150 ml Haferdrink

125 g Melone (ohne Schale)

1 EL Mandelmus

1 TL Ahornsirup

Zimt

Zubereitung

1. Melone entkernen, grob zerteilen.
2. Haferdrink, Melone, Mandelmus, Ahorn und Zimt in den Mixer geben, alles gut durchmixen.

Lassi

Portionen: 4

Zutaten

300 ml Wasser

1 ½ Becher Joghurt (Gesamtgewicht: 300 g)

2 Bananen

1 TL Ahornsirup

Muskat

Kardamom

abgeriebene Zitronenschale

2 EL Zitronensaft

Eiswürfel

Zubereitung

1. Banane schälen, stückeln, in einen Mixer geben.
2. Joghurt, Wasser zufügen, mischen.
3. Ahornsirup, Zitronenschale, Zitronensaft, Muskat und Kardamom zugeben, das Ganze mit dem Mixer zu einem feinen Püree verarbeiten.
4. Lassi in Gläser füllen, Eiswürfel zufügen und servieren.

Pistazien-Smoothie

Portionen: 6

Nährwerte je Portion:

Kcal:115, Eiweiß: 2 g, Fett: 8 g, Kohlenhydrate: 9 g

Zutaten

50 g Pistazienkerne

100 ml Wasser

600 ml Wasser

250 g frische Erdbeeren

1 Banane

gemahlene Bourbonvanille

2 EL Xucker

2 EL Kokosmus

Zubereitung

1. Von den Pistazien die Haut abziehen.
2. 100 ml Wasser in eine Schüssel gießen, die Pistazienkerne zufügen, über Nacht einweichen.
3. Am nächsten Morgen: Die Pistazienkerne in ein Sieb schütten, kurz abspülen, abtropfen lassen.
4. Erdbeeren waschen (nicht putzen, den Blattansatz lassen).
5. Banane schälen, stückeln.
6. Erdbeeren, Bananenstücke, Pistazien in einen Mixer geben.
7. Vanille, Xucker und Kokosmus zufügen.

8. 600 ml Wasser zugießen.
9. Den Mixer starten, erst auf kleinster Stufe, dann mit der höchsten Stufe das Ganze zu feinem Püree pürieren.
10. Wer es flüssiger haben möchte, der fügt noch Wasser hinzu.

Smoothie mit Chia

Portionen: 6

Nährwerte je Portion:

Kcal:80, Eiweiß: 2 g, Fett: 2 g, Kohlenhydrate: 16 g

Zutaten

260 ml Wasser

300 ml Wasser

200 g frische Himbeeren

5 große, getrocknete Feigen

100 g Ananas

2 Pfirsiche

2 EL Chiasamen

Zubereitung

1. 160 ml Wasser in eine Schüssel gießen, Chiasamen zufügen, über Nacht einweichen.
2. 100 ml Wasser in eine weitere Schüssel gießen, Feigen zufügen, 2 - 3 Stunden einweichen.
3. Himbeeren verlesen, waschen, abtropfen lassen.
4. Ananas schälen, mit dem Strunk stückeln.
5. Pfirsiche waschen, halbieren, entsteinen, in Spalten schneiden.
6. 6 Himbeeren und 6 Pfirsichspalten beiseitelegen.
7. Die restlichen Himbeeren und Pfirsichspalten in den Mixer geben.
8. Die Feigen in ein Sieb schütten, abtropfen lassen, Einweichwasser auffangen. Die Stiele von den Feigen entfernen, die Feigen mit dem Einweichwasser in den Mixer geben.

9. Chiasamen in ein Sieb schütten, Einweichwasser auffangen, beides ebenfalls in den Mixer geben.
10. Die restlichen 300 ml Wasser zugießen.
11. Den Mixer starten, mit der kleinsten Stufe beginnen, dann auf die höchste Stufe schalten und das Ganze pürieren.

Melonen-Bananen-Smoothie

Portionen: 1

Zutaten

½ Banane

200 g Wassermelone

1 Kiwi

Zubereitung

1. Melone schälen, grob stückeln.
2. Kiwi und Banane schälen, stückeln.
3. Das Obst in einen Mixer oder Smoothie-Maker geben, pürieren.

Melonen-Smoothie mit Gurke

Portionen: 1

Zutaten

300 g Wassermelone

50 g Gurke

25 ml Wasser

4 Minzeblätter

1 EL Zucker oder die entsprechende Menge Süßstoff

1 EL Limettensaft

Zubereitung

1. Melone schälen, würfeln, in Eiswürfelbehälter geben, über Nacht in den Gefrierschrank stellen.
2. Am nächsten Tag die Gurke waschen würfeln, Minzeblätter abbrausen. Beides mit den Melonenwürfeln, Limettensaft, Süßmittel und Wasser in einen Mixer geben, zu feinem Püree verarbeiten.

Smoothie mit Obst und Spinat

Portionen: 2

Zutaten

100 g Spinat

2 Birnen

1 Banane

¼ l Wasser

Zubereitung

1. Birnen schälen, stückeln.
2. Banane schälen, in grobe Stücke schneiden.
3. Spinat abspülen, abtropfen lassen, ausdrücken, klein schneiden.
4. Alle Zutaten in den Mixer geben, das Wasser zufügen.
5. Das Ganze mixen, bis eine geschmeidige Konsistenz vorhanden ist.

Avocado-Smoothie mit Gurke

Portionen: 2

Zutaten

½ Gurke

½ Kopfsalat

1 Avocado

¼ l Wasser

Zubereitung

1. Kopfsalat waschen, klein schneiden.
2. Gurke waschen, grob würfeln.
3. Avocado halbieren, entsteinen, Fruchtfleisch grob stückeln.
4. Alles, einschließlich des Wassers in den Mixer geben, durchmixen, bis die Masse eine geschmeidige Konsistenz hat.

Smoothie mit Ingwer

Portionen: 4

Zutaten

2 Orangen

1 Banane

1 Handvoll Mangoldblätter

1 ca. 3 cm große Ingwerwurzel

nach Belieben Datteln

400 ml Wasser

Zubereitung

1. Banane schälen, grob zerkleinern.
2. Beide Orangen schälen, grob stückeln.
3. Ingwer putzen, in den Mixer geben.
4. Orangen und Banane zufügen.
5. Mangold sorgfältig waschen, Blattgrün entfernen. Mangold grob zerkleinern, in den Mixer geben.
6. Nach Belieben Datteln zufügen und das etwas Süßmittel zufügen.
7. Wasser zugeben und das Ganze gut durchmixen.

6.7 Backen

Brot, Brötchen und Kuchen sowie Kleingebäck kann jeder selbst backen. Das hat einen gravierenden Vorteil: Sie wissen, was in Ihrem Brot, Kuchen und Ihren Brötchen enthalten ist. Damit können Sie ganz einfach auch beim Backen die Ernährung umstellen. Wenn Sie weitere Rezepte brauchen, dann schauen Sie in unser Kochbuch „Low Carb Backen“. Dort finden Sie eine Vielzahl Rezepte, die sich für Ihre neue Ernährung eignen.

Beeren-Tarte

Portionen: 1 Tarte

Nährwerte je Stück:

Kcal: 325, Eiweiß: 9 g, Fett: 22 g, Kohlenhydrate: 19 g, Ballaststoffe: 9 g

Zutaten

50 g Haselnusskerne

50 g Sonnenblumenkerne

175 g ganze Mandeln

10 Datteln

3 EL Kokosöl

Salz

Belag

300 g Brombeeren

300 g Blaubeeren

175 g gemischte Beeren

150 ml Kokosmilch

1 EL Kartoffelmehl

4 Stiele Basilikum

2 EL Ahornsirup

1 TL Limettensaft

1 TL Agar-Agar

Zubereitung

1. Springform einfetten.
2. Datteln entsteinen, in eine Schüssel Wasser geben, Datteln zufügen, einweichen.
3. Datteln abtropfen lassen, Einweichwasser auffangen, Datteln stückeln.
4. Eine beschichtete Pfanne ohne Fett erhitzen, Sonnenblumenkerne, Mandeln und Haselnüsse zufügen, anrösten, dann beiseitestellen und abkühlen lassen.
5. Die Mandel-Nuss-Mischung im Mixer grob mahlen.

6. Die Nussmischung in einen Mixer geben (der Mixer sollte leistungsstark sein), Kokosöl und Datteln nach und nach zufügen, mischen, würzen mit Salz. Das Ganze zu einem glatten, aber klebrigen Teig verarbeiten. Der Teig darf nicht zu trocken sein; ist dies der Fall, etwas Einweichwasser zum Teig geben.
7. Den Teig in die vorbereitete Springform füllen, die Oberfläche glatt streichen, dabei einen Rand formen.
8. Die Form im Kühlschrank 1 Stunde ruhen lassen.
9. Blaubeeren und Brombeeren verlesen, waschen. Basilikum abbrausen, Blättchen abzupfen, einige Blättchen für die Dekoration zur Seite legen, die restlichen Blättchen mit den Beeren im Mixer pürieren.
10. Über einen Topf ein Sieb legen, das Püree durch das Sieb passieren.
11. Kokosmilch, Limettensaft und Ahornsirup zufügen, mischen.
12. Kartoffelmehl, Agar-Agar zugeben, gut vermischen.
13. Den Topf auf den Herd stellen, das Ganze zum Kochen bringen, aufkochen lassen, dann das Püree in eine Schüssel füllen, abkühlen lassen. Während dieser Zeit das Püree immer wieder umrühren.
14. Die Springform aus dem Kühlschrank nehmen, die Beerenmischung auf dem Boden verteilen, die Form wieder in den Kühlschrank stellen, 5 Stunden ruhen lassen.
15. Die gemischten Beeren verlesen, waschen, auf Küchenkrepp verteilen, antrocknen lassen.
16. Die Beeren mit den Basilikumblättern auf der Tarte verteilen.

Kartoffelbrot glutenfrei

Portionen: 1 Brot

Zutaten

300 g Kartoffeln

100 g Hanfnussmehl

100 g braunes Hirsemehl

100 g gemahlene Haselnüsse

50 ml Olivenöl

3 EL Flohsamenschalen in Pulverform

1 EL Fibrex

2 EL Sonnenblumenkerne

1 EL Natron

150 ml Wasser

½ TL Salz

½ Zitrone

Zubereitung

1. Wasser in eine Schüssel füllen, Sonnenblumenkerne zufügen, über Nacht ruhen lassen.
2. Backofen auf Umluft 200 °C vorheizen, 1 Kastenform mit Backpapier auslegen.
3. Kartoffeln zu Pellkartoffeln verarbeiten, abgießen, leicht abkühlen lassen, pellen, in eine Schüssel geben, zerdrücken.
4. Die restlichen Zutaten OHNE Natron und Zitrone zufügen, mischen.
5. Zitronenhälfte auspressen, den Saft mit dem Natron zum Teig geben, das Ganze mit den Händen zu einem glatten Teig verarbeiten.
6. Den Teig in die Kastenform füllen, im Backofen 40 Minuten backen.

Pikantes Hirsebrot

Portionen: 1 Brot

Zutaten

100 g Haferflocken

100 g Hirsemehl

60 g Sonnenblumenkerne

50 g Kürbiskerne

30 g Chiasamen

30 g Leinsamen

25 g gehackte Walnüsse

1 TL Flohsamenschalen in Pulverform

je ½ TL gemahlener Anis, Kreuzkümmel, Fenchel und Koriander

½ TL Salz

2 EL Olivenöl

200 ml Wasser

Zubereitung

1. Backofen auf 180 °C vorheizen, 1 Backblech mit Backpapier auslegen, einen Tortenring bereitstellen.
2. Alle Zutaten in eine Schüssel geben, das Ganze zu einem geschmeidigen, festen Teig verkneten.
3. Den Tortenring in die Mitte des Backblechs platzieren, den Teig in den Tortenring füllen, Oberfläche glatt streichen.
4. Das Backblech in den Ofen schieben, das Brot 25 Minuten backen.

Glutenfreie Frühstücksbrötchen

Portionen: 8 Brötchen

Zutaten

80 g entöltes Mandelmehl

250 g Buchweizenmehl

4 EL Kokosöl

3 EL Chiagel

1 EL Traubenkernmehl

1 EL ungeschälten Hanfsamen

1 EL Flohsamen

1 TL Weinsteinbackpulver

1 EL Zitronensaft

½ TL Meersalz

1 EL Sesamsamen

Zubereitung

1. 1 EL Chiasamen und 3 EL Wasser in eine Schüssel geben, mischen, quellen lassen.
2. Backofen auf 220 °C vorheizen, 1 Backblech mit Backpapier auslegen.
3. Alle Zutaten OHNE Zitronensaft in eine Schüssel geben, das Ganze mischen und mit einem Rührlöffel zu einem leichten Teig verrühren.
4. Zitronensaft zufügen, sanft in den Teig rühren.
5. Aus dem Teig 8 Brötchen formen, mit Sesamsamen bestreuen, die Brötchen auf dem Backblech verteilen, 5 Minuten ruhen lassen.
6. Das Blech in den Backofen schieben, die Brötchen 15 Minuten backen.

Obstkuchen mit Streusel

Portionen: 1 Kuchen

Zutaten

Teig

200 g Mehl

150 g Butter

100 g Zucker

2 Eier

1 Päckchen Vanillezucker

2 TL Backpulver

Streusel

150 g Mehl

100 g Butter

75 g Zucker

1 Päckchen Vanillezucker

Belag

Obst nach Wahl

Zubereitung

1. Backofen auf Umluft 160 °C vorheizen, eine Springform leicht einfetten.
2. Mehl mit Backpulver mischen, in eine Schüssel sieben.

3. Butter, Zucker, Vanillezucker und Eier zufügen, das Ganze zu einem Rührteig verarbeiten.
4. Den Teig in die Springform füllen.
5. Das Obst für den Belag vorbereiten, auf dem Kuchenboden verteilen.
6. Mehl und Zucker in eine Schüssel geben, Vanillezucker zufügen, mischen.
7. Die Butter zufügen und zu Streuseln verkneten.
8. Die Streusel über den Belag verteilen.
9. Die Form in den Backofen stellen, 60 Minuten backen.

Süße Knusper-Tarte

Portionen: 12

Zutaten

Teig

200 g Mehl

75 g Butter

50 g Zucker

1 Ei

1 EL Wasser

Belag

250 g gehackte Nüsse

75 g Honig

75 g Butter

75 g Zucker

2 EL Milch

Zubereitung

1. Backofen auf 180 °C vorheizen, 1 Springform einfetten.
2. Butter in die Schüssel der Küchenmaschine geben, schaumig schlagen (geht auch mit dem Handrührgerät).
3. Zucker zufügen, unterschlagen.
4. Ei, zufügen, vermischen.

5. Mehl und Wasser zugeben, das Ganze zu einem festen Teig verarbeiten.
6. Auf einer bemehlten Arbeitsfläche den Teig ausrollen, in die Springform legen.
7. Butter in einen Topf geben, erhitzen, Butter schmelzen lassen.
8. Zucker, Honig zugeben, verrühren, aufschäumen lassen.
9. Sobald sich der Zucker aufgelöst hat, die Nüsse zugeben.
10. Mit der Milch das Ganze ablöschen.
11. Die Nussmischung auf dem Kuchenboden verteilen.
12. Die Form in den Backofen stellen, 30 Minuten backen.

Banitza

Portionen: 1 Form

Zutaten

1.000 g Mehl

400 g Feta

100 g Butter

100 ml Pflanzenöl

7 Eier

1 Teetasse Mineralwasser

½ Teetasse Wasser

1 EL Essig

etwas Fett

Salz

1 EL Mehl

Zubereitung

1. Backofen auf 180 °C vorheizen, 1 runde Form einfetten, mit Mehl bestäuben.
2. Mehl in eine Schüssel geben, das Wasser, Essig und eine Prise Salz zufügen, das Ganze zu einem glatten Teig verkneten. Den Teig in 6 Teile teilen,

diese zu Bällchen formen, auf einen Teller legen. Die Teigbällchen mit Mehl bestäuben, abdecken und beiseitestellen.

3. Für die Füllung 4 Eier in eine Schüssel aufschlagen, Feta zerbröckeln, zu den Eiern geben, verquirlen.
4. Butter in einen Topf geben, erhitzen. Butter schmelzen, Topf vom Herd nehmen.
5. Auf einer bemehlten Arbeitsfläche die Teigbällchen zu einem 2 mm dicken Kreis ausrollen.
6. Die Teigkreise wie folgt schichten: Einen Teigkreis in die Form geben, mit der geschmolzenen Butter bestreichen, etwas von der Ei-Feta-Mischung auf den Kreis geben, einen weiteren Teigkreis darüber legen, mit Butter bestreichen. Ei-Feta-Mischung verteilen, so lange schichten, bis der letzte Teigkreis auf der Füllung liegt.
7. Diesen mit Butter bestreichen.
8. Mineralwasser in eine Schüssel geben, die restlichen Eier zufügen, verquirlen.
9. Mit einem scharfen Messer die Banitza in Vierecke schneiden, die Eier-Mineralwasser-Mischung über das Ganze gießen.
10. Die Form in den Backofen stellen, backen, bis die Banitza eine goldbraune Färbung angenommen hat.

Zusammenfassung

Liebe Leser, wir sind am Ende unseres Rheumakochbuchs angekommen. Es wurde nicht nur ein Kochbuch daraus, sondern auch ein Ratgeber für alle Betroffenen, die an rheumatischen Erkrankungen leiden. Wir haben Sie über die rheumatischen Erkrankungen informiert, Ihnen die Symptome der häufigsten Rheumaformen aufgezeigt. Alle Rheumaformen konnten wir hier nicht aufführen, denn es gibt zwischen 100 und 400 Erkrankungen, die dem Überbegriff Rheuma zugeordnet werden.

Hauptsächlich sind Gelenke, Knochen, Knorpel, Muskeln, Sehnen und Bänder von Rheuma betroffen. Auch wenn die Krankheit bei jedem Menschen und jeder Form von Rheuma anders verläuft, haben alle Erkrankungen eines gemeinsam: den reißenden Schmerz.

Wir haben Sie ganz grob über Rheuma informiert, haben uns mit den Risikofaktoren befasst und uns mit den möglichen Ursachen beschäftigt. Bei der Behandlung dürfen wir eines nicht vergessen: Rheuma ist nicht heilbar; alle rheumatischen Erkrankungen sind chronisch. Dies bedeutet, Sie müssen mit Ihrer rheumatischen Erkrankung ein Leben lang zurechtkommen. Doch deshalb müssen Sie nicht verzagen, denn auch mit Rheuma können Sie ein erfülltes Leben führen, wenn Sie einige unserer Tipps beherzigen.

Jede Behandlung sowohl die Schulmedizin als auch die alternative Medizin können die Symptome nur lindern, im besten Fall ein Fortschreiten der Erkrankungen verhindern oder verzögern.

Wer unter einer rheumatischen Erkrankung leidet ist für Infektionen jeglicher Art anfällig. Deshalb ist es wichtig, dass Sie immer mit Ihren Impfungen auf dem Laufenden sind. Im Zweifelsfall sprechen Sie mit Ihrem Arzt darüber, insbesondere auch über die Termine für die nächsten Impfungen.

Wie bei allen chronischen Erkrankungen spielt die Ernährung eine bedeutende Rolle. Es gibt Menschen, die sprechen von der Rheumadiät. Eine Diät wird grundsätzlich nur über einen bestimmten Zeitraum durchgeführt; damit ist das Thema Diät erledigt. Haken Sie es ab, denn Sie müssen dauerhaft Ihre Ernährung umstellen, auch wenn es schwerfällt.

In unserem 3. Kapitel haben wir uns mit der Ernährung befasst. Wir haben in Kapitel 3.1 die Lebensmittel aufgeführt, die sich für Rheumapatienten besonders gut eignen. Als Basis haben wir Arthritis genommen, eine der Erkrankungen, die unter den Sammelbegriff Rheuma fallen. Warum wir Arthritis genommen haben ist schnell erklärt: Die meisten von Rheuma Betroffenen leiden entweder unter Arthritis oder

Arthrose, bei beiden Krankheitsformen sind die Symptome ziemlich identisch. Gemeinsam haben diese Erkrankungen auch den Ernährungsplan; lediglich die Nahrungsergänzungen weichen etwas voneinander ab.

Zu den positiven Lebensmitteln gehören neben gesunden Ölen und Fetten die meisten Gemüsesorten, Kräuter, Obst und Früchte, wobei hier Avocados besonders hervorzuheben sind. Wir haben für Sie eine Liste erstellt, in der die positiven Lebensmittel aufgeführt sind.

Wo es positive Lebensmittel gibt, sind die negativen Lebensmittel nicht weit. Auch für diese finden Sie eine Liste in Kapitel 3.2. Fleisch, Fleischprodukte, Wurst sollte im ersten halben Jahr vermieden werden; alternativ nur selten auf den Tisch kommen. Dasselbe gilt auch für Milchprodukte, insbesondere für homogenisierte Milchprodukte. Wenn Sie nach den sechs Monaten wieder mit Milchprodukten beginnen, dann wählen Sie idealerweise fermentierte Milchprodukte. Eines der bekannten Produkte aus diesem Bereich ist Kefir.

Achten Sie besonders beim Kauf von Backwaren und Teigwaren auf Vollkornprodukte. Nahrungsmittel, die aus Weißmehl hergestellt werden, sättigen zwar, sind aber ungesund. Das gilt nicht nur für Menschen, die unter Rheuma leiden, sondern für alle Menschen. Wenn es Ihre Zeit erlaubt, Sie Lust und Liebe haben, dann backen Sie Brot, Brötchen selbst. Für Nudeln gibt es Vollkornprodukte; alternativ können Sie aus Gemüse Nudeln herstellen. Dazu brauchen Sie einen Spiralschneider, den Sie in jedem Kaufhaus für wenig Geld erstehen können. Diese Spiralschneider haben noch einen Vorteil; Sie können damit auch Gemüse in Julienneform schneiden. Der Kauf lohnt sich; die Gemüsenudeln schmecken köstlich und Ihr Körper dankt es Ihnen.

Wir wissen, aller Anfang ist schwer; das ist bei der Umstellung der Ernährung nicht anders. Als Anhaltspunkt haben wir einen Ernährungsplan zusammengestellt, der Ihnen als Ratgeber dienen soll. Wir haben hier nicht bestimmte Gerichte aufgeführt, sondern lediglich die Nahrungsmittel, die wir als positiv ansehen.

Im nächsten Kapitel befassten wir uns mit den Nahrungsergänzungen. Dieser Markt ist mehr als voll und oft weiß man gar nicht, was man kaufen soll. Im Zweifelsfall sprechen Sie mir Ihrem Arzt darüber.

Wichtig ist, dass Sie wissen, welche Vitamine, Mineralstoffe oder Spurenelemente Ihrem Körper fehlen oder nur in geringen Mengen vorhanden sind. Um dies zu erkennen, ist ein Vitaminspiegel notwendig. Um diesen zu erstellen, nimmt Ihnen der Arzt Blut ab und Sie erhalten die Laborwerte.

Bei Schmerzen und Entzündungen ist die Teufelskralle ideal, insbesondere wenn Sie unter Arthrose oder Arthritis leiden. Die Teufelskralle wirkt schmerzlindernd, bekämpft Entzündungen. Wir haben für Sie einige Nahrungsergänzungen zusammengestellt, die Ihnen helfen, mit Rheuma zurechtzukommen.

Einige Tipps finden Sie in Kapitel 5. Ein Tipp ist für Sie völlig kostenlos: BEWEGUNG!! Bewegen Sie sich täglich regelmäßig, laufen Sie, lassen Sie Aufzug und Rolltreppe links liegen und nehmen Sie die Treppe, auch wenn Hüfte, Knie und andere Knochen oder Muskeln schmerzen. Experten raten dazu, dass von Rheuma Betroffene mindestens 3.000 Schritte täglich laufen sollten; besser sind 4.000 oder mehr Schritte.

Im Kapitel 6 warteten viele Rezeptideen auf Sie, die Sie leicht nachkochen und nachbacken können. Dafür wünschen wir Ihnen viel Spaß am Nacharbeiten und guten Appetit.

Bleiben Sie gesund und munter!

www.ingramcontent.com/pod-product-compliance
Ingram Content Group UK Ltd.
Pitfield, Milton Keynes, MK11 3LW, UK
UKHW051133260726
13967UKWH00010B/3014

9 781803 671338